춤으로 본 지역문화

「경상도 편」

춤으로 본 지역문화

「경상도 편」

우리춤연구소 편

초판 1쇄 인쇄 2007년 12월 21일 | **초판 1쇄 발행** 2007년 12월 27일
발행인 김종량 | **발행처** 한양대학교출판부
주소 133-791 서울 성동구 행당동 17번지
전화 02)2220-1432~4 | **팩스** 02)2220-1435
홈페이지 www.press.hanyang.ac.kr | **전자우편** presshy@hanyang.ac.kr
출판등록 제4-7호(1972년 2월 29일) | **인쇄처** 네오프린텍(주)

값 11,000원

ISBN 978-89-7218-330-3 93680

경상도慶尙道 편

춤으로 본 지역문화

우리춤연구소 편

한양대학교 출판부

들어가며

경상도(慶尙道) 지역은 동쪽과 남쪽이 바다와 접하고 있으며 내륙은 해안선과 일직선으로 뻗어 내린 태백산맥과 태백산에서 남서쪽으로 갈라져 나온 소백산맥에 의하여 한반도의 중서부지역과 나눠진다.

경상도 지역은 '영남(嶺南)'이라고도 하는데, 그 이유는 조선 후기 사람인 이옥(李鈺, 1760~1813)의 글 「영혹(嶺惑)」을 통해서 알 수 있다. 이글을 보면, "충주(忠州)로부터 남으로 가면 조령(鳥嶺)이 있고, 괴산(槐山)으로부터 남으로 가면 죽령(竹嶺)이 있으며, 운봉(雲峰)으로부터 동으로 팔량치[八良嶺]가 있고, 장수현(長水縣)으로부터 동으로 가면 육십령(六十嶺)이 있고, 황간(黃澗)으로부터 남으로 가면 추풍령(秋風嶺)이 있다. 여기에서 그 밖을 구분하여 '영남'이라고 한다. 영남이란 곳은 영을 경유하지 않으면 그 경계에 갈 수 없다."라고 하고 있는 것이다. 즉, 영남은 영으로 둘러 쌓인 바깥에 있기 때문에 영남이라고 하였음을 알 수 있다.

경상도는 경상남도(慶尙南道)와 경상북도(慶尙北道)를 합쳐 부르는 지명으로, 고려 때 이 지역의 대표적인 고을이었던 경주(慶州)와 상주(尙州)의 머릿글자를 합하여 만든 합성지명이다. 고려 성종(成宗) 14년(995) 영남도(嶺南道)·영동도(嶺東道)·산남도(山南道)로 나뉘었다가 예종(睿宗) 원년(1106) 이 3개 도를 합하여, 경상진주도(慶尙晉州道)로 하면서 경상이라는 이름이 처음으로 등장하였다. 명종(明宗) 원년(1171)년에는 경상주도와 진합주도(晉陜州道)로 하였다가 명종 16년(1186)년 경상주도로 통합되었으며, 충숙왕(忠肅王) 원년(1314)에 경상도라는 이름이 정해졌다.

조선시대에도 이 명칭을 그대로 사용하였는데, 조선 태종(太宗) 7년(1407) 군사행정상의 편의를 위하여 좌·우도로 고쳐지기도 하고, 고종(高宗) 32년(1895)에는 대구(大邱)·안동(安東)·진주(晉州)·동래(東萊)의 4개 관찰부(觀察府)로 나누기도 하였다. 고종 33년(1896)에 전국을 13도로 나눌 때 경상도를 남북으로 나눈 뒤 현재에 이르고 있다.

경상도지역은 동쪽과 남쪽이 바다와 접하고 있으며 내륙은 해안선과 일직선으로 뻗어 내린 태백산맥과 태백산에서 남서쪽으로 갈라져 나온 소백산맥에 의하여 한반도의 중서부지역과 나누어지므로 영남지역이라고 불린다. 산세가 험준한 소백산맥은 해발 1,000m~1,500m의 뚜렷한 산줄기가 연속되면서 강원도·충청북도·전라북도와의 경계를 이룬다. 또한 조령의 남쪽 대덕산 부근에서 동쪽으로 뻗은 가야산맥은 경북과 경남을 가르는 역할을 한다. 태백, 소백산맥과 지맥 그리고 낙동강과 그 지류들에 의해 영남지역은 크고 작은 분지와 평야가 많이 형성되어 있다. 이들 지역은 선사시대 사람들이 생활하기에 비교적 좋은 환경이 되었으나 외부와의 교통이 불편하였기 때문에 외래 문화의 유입은 반도의 다른 지역에 비하여 상대적으로 늦어질 수밖에 없었다. 따라서 영남지역의 이러한 지리적 특성은 선사시대부터 다른 지역과 구별되는 문화적 특성과 전통을 갖게 되었을 것으로 생각된다.

하천에 의해서 이 지역을 구분할 수도 있는데, 낙동강의 우측 즉, 서쪽을 조선조에는 우도라하고, 그 반대는 좌도라 했다. 경상우도는 옛 가야지역, 반대측인 좌도는 신라지역으로 나누어져서 또한 지역성을 나타내고 있다. 낙동강은 경상지역 사회문화의 형성과 발전에서 큰 역할을 수행하였다. 일찍이 낙동강 유역의 소분지에 형성된 촌락들을 중심으로 하여 혈연적이고 지연적인 공동체가 발달하였고, 이들 공동체를 기반으로 다양하고 독특한 전통문화가 발달하였으며, 이러한 문화적 기반은 국가 발전에서 중추적인 역할을 하였던 것이다. 전통과 문화가 토착화되면서 경상도만의 독특한 지역성을 형성하였고, 문화와 학문이 조화를 이루면서 조선시대에는 수많은 인재를 길러내었다. 이렇듯 소분지에 형성된 촌락의 공동체 문화가 윤리와 학문으로 뿌리내리면서 생활 속에 이어져 내려왔던 곳이었다.

『한국지리지-경상편』에는 경상도의 문화와 역사를 지리적 입장에서 살펴보고 있는데, 경상도 지역의 문화적 특징을 한반도의 동남에서 타 지역과 산맥으로 분리되고 큰 바다를 통해 외국과 접하는 입지 특성에서 찾을 수 있다고 하면서, 태백과 소백 산지 사이를 흐르는 낙동강이라는 대하천이 형성한 수많은 크고 작은 골짜기에 들어앉은 '골'문화를 그 특징으로 들고 있다. 이외에 경상지역이 낙동강 유역을 따라서 농업이 발달하면서 인구가 성장하게 되었고, 낙동강 지류와 해안가 포구를 중심으로 정주체계가 발달하기 시작한 문화가 경상도 지역의 문화적 특징을 만들었다고 한다. 동해안과 남해안에 걸쳐 해안을 따라 늘어선 해안과 도서에 존재하는 많은 포구와 해읍(海邑)은 대체로 낙동강 유역보다는 동해와 남해로 흘러드는 소하천이거나 좁은 해안 산록 혹은 도서에 입지하는데, 이 곳들은 산맥을 경계로 한반도 서부와 중부로부터 지형적으로 분리되고, 동남으로 대양에 접한 지리적 입지로 전통시대에서는 대륙의 문화 전파가 다른 지역에 비하여 지체되는 경향을 보였다는 것이다. 한편 이런 지역적 특징은 일단 성립된 문화가 외부의 간섭을 적게 받으면서 온존되고 심화되는 특성을 보여 주었다*고 한다.

현재 전해지는 경상도 지역의 춤 중 중요무용문화재로 지정된 것을 살펴보면, '무용' 종목에 제12호 「진주검무」와 21호 「승전무」가 있으며, '연극'으로는 6호 「통영오광대」와 7호 「고성오광대」, 18호 「동래야유」, 43호 「수영야류」, 69호 「하회별신굿탈놀이」와 73호 「가산오광대」가 있으며, '놀이와 의식'으로는 24호 「안동차전놀이」, 25호 「영산쇠머리대기」, 44호 「한 장군놀이」, 62호 「좌수영어방놀이」, 68호 「밀양백중놀이」, 82-가호 「동해안별신굿」과 82-라호 「남해안별신굿」 등이 있다. 이외에도 중요무용문화재로 지정되지는 않았지만, 지방문화재로 지정된 춤도 많이 전해지고 있다.

---

* 국토정보지리원, 『한국지리지-경상편』, 2005, 35~37쪽.

이 책에서는 경상도 지역의 춤 전체를 모두 다루기가 어렵다는 판단 하에 대중적으로 널리 알려지지 않았거나, 그동안 연구자들의 관심을 받지 못했던 춤들을 중심으로 하여 서술하고자 하였다. 물론, 연구가 많이 되어 있는 춤들을 새로운 시각으로 연구하는 것도 충분히 가치가 있음은 안다. 하지만, 그동안 소외되었던 춤들에 관심을 주는 것이 「우리춤연구소」에서 할 일이라 생각되었던 것이다. 이 작업은 이후 연구를 위한 토대를 마련하고자 했는데, 이 점에서 이 책이 갖는 의미가 충분히 있을 것으로 생각된다.

그리고 책을 편성해서 완성되기까지 여러모로 많은 도움을 주신 분들이 계신다. 우선 동해안별신굿 전수조교 김동언님 및 동해안 별신굿 보존회 여러분과 불모산 영산재 석봉스님 및 불모산 영산재 보존회 여러분, 고성오광대 보유자 이윤석님 및 보존회 여러분과 사진촬영에 협조해 주신 전수자 윤현호님, 대구 살풀이 보유자 권명화님과 춤 자료제공을 도와주신 동국예술기획 대표 박동국님, 교방굿거리 보유자 김수악님과 춤사위 구조에 도움을 주신 이수자 김경란님을 비롯하여 춤 실연을 도와준 전수자 김지성님, 옥수농악의 부단장 손석철님께 춤을 실연해 주시고 소중한 옥고를 내어주셔서 참으로 감사하단 말씀을 전하고 싶다. 또한 <춤으로 본 지역문화>의 첫 총서인 '경상도 편'의 결실을 맺기까지 함께 땀 흘려준 김윤지, 김지원, 박숙자, 박시종, 이미희, 장윤기, 태혜신 등 전임 연구원들을 비롯하여 초빙연구원 허인욱, 차기 연구를 위해 지금도 애쓰고 있는 모든 연구원들의 노고에도 아낌없는 성원을 보낸다. 끝으로 한국문화예술위원회와 한양대학교 출판부 여러분들께 진심으로 감사드린다.

2007년 11월
우리춤 연구소 소장 김운미

차례

문헌으로 보는 경상도 춤

경상도 지역의 춤은 역사를 거슬러 올라가 보면, 신라시대의 춤 등에서 그 면모를 살펴볼 수 있다. 물론 이 점은 경상도지역에 존재했던 춤에 대한 설명으로, 현재 전하는 춤과 연계 짓는 것은 무리이가 있기는 하다. 하지만, 지역적 특성을 살펴 볼 수는 있을 것으로 보인다.

『삼국사기(三國史記)』에는 문무왕(文武王) 8년(468) 10월 25일에 문무왕이 욕돌역(褥突驛)에 도착하니, 국원경(國原京, 지금의 충주(忠州))의 사신(仕臣) 용장(龍長)이 왕을 위하여 향연(享宴)을 베풀었다고 한다. 그 때 나마(奈麻) 긴주(緊周)의 아들 능안(能晏)이 15세의 나이였는데, 가야의 춤(加耶之舞)을 추었다. 용모와 거동이 단아하여 왕이 앞으로 불러 등을 어루만지고 후한 폐백을 내려 주었다[1]고 기록되어 있으며, 진흥왕 13년(552)에 신라로 투항해 온 우륵(于勒)이 신라인 계고(階古)에게는 금(琴)을, 법지(法知)에게는 노래를 가르쳤고, 만덕(萬德)에게는 춤을 가르쳤다[2]고 하여, 가야와 신라의 춤이 서로 교류를 하였음을 알려주며, 그 과정에서 융합되었을 가능성을 살필 수 있다.『일본후기』에도 신라악사를 소개하는데 춤이 있었음을 알려주는 기록[3]이 있지만, 구체적인 춤의 형식은

1)『三國史記』 卷 6, 新羅本紀 文武王 8年 10月 25日.

2)『三國史記』 卷 6, 新羅本紀 眞興王 13年.

3)『日本後記』 卷 17, 平城天皇 大同 4年 3月.

알 수 없다.

『삼국사기』에는 신라 무인(舞人)의 복장에 대해서도 설명을 하고 있는데, 2인이 있으며, 방각복두(放角幞頭)와 자색대수(紫色大袖)·공란(公襴)에 붉은 띠를 두르며, 도금한 과요대(銙腰帶)와 오피화(烏皮靴)를 신었다[4]고 한다. 이에 대해 방각복두와 같은 당(唐)의 복식제도를 채택한 점에 주목하기도 한다.[5] 이는 당의 영향을 받기 시작했음을 말해주며 신라의 춤 또한 당의 영향을 받았을 가능성을 살펴보게 한다.

『삼국유사(三國遺事)』에는 승려 혜공(惠空, ?～?)이 항상 술에 취해서 거리를 돌아다니며 노래하고 춤추었다[6]고 하거나, 원효(元曉, 617년～686년)가 설총을 낳은 후로 속인의 옷을 입고 스스로 소성거사라 칭하며 마을을 돌아다니며 노래하고 춤추면서 교화시켰다[7]고도 하는 기록을 통해 신라시대 춤의 흔적을 찾을 수 있다. 하지만 이들의 춤이 구체적인 형식을 지니고 있었을 것으로는 보이지 않는다.

구체적인 신라 춤은 최치원(崔致遠, 857～?)의「향약잡영(鄕藥雜詠)」5수를 통해 찾아볼 수 있다. 대면(大面)·속독(束毒)·산예(狻猊)라는 가면극(假面劇)이 존재했음을 알려주기 때문이다.

대면과 관련해서는 "황금의 얼굴빛 바로 그 사람이, 손에 잡은 구슬 채찍 귀신을 부린다네. 빨리 닫고 천천히 걷고 운치 있는 춤을 추니, 요(堯) 임금 시대에 단봉(丹鳳)이 춤추듯 하네."라고 하고 있는데, 이는 황금빛 탈을 쓰고 추는 춤이며, 독무임을 추정해 볼 수 있다. 속독과 관련해서는 "헝클어진 머리털에 파란 얼굴빛이 사람과는 다른데, 무리를 거느리고 뜰에 와서 난(鸞)새처럼 춤추네. 둥둥둥 북을 치자 바람은 선들선들, 끝이 없이 북으로 뛰고 남으로 달아나도다."라고

4)『三國史記』卷 32, 雜誌 1 樂 新羅樂.

5) 張師勛,『韓國傳統舞踊硏究』, 一志社, 1977, 34쪽.

6)『三國遺事』卷4, 二惠同塵.

7)『三國遺事』卷4, 元曉不羈.

하는 시구를 통해 파란색 탈을 쓰고 역동적으로 움직이며 추는 춤임을 알 수 있다. 산예는 "멀리 유사(流沙)를 건너 만리 길 오느라고, 털옷은 해어지고 흙먼지만 붙었구나. 머리 젓고 꼬리 치며 인덕(仁德)에 길이 드니, 웅장한 그 기운 뭇짐승에 비길쏘냐."라는 시구를 통해 짐승의 가면을 쓰고 추는 춤임을 알 수 있는데, 산예가 사자의 일종이므로 사자탈을 쓰고 추는 춤임을 추정해 볼 수 있다.

신라의 가면극에 대해서는 『삼국유사』의 다음 기록 또한 참고가 된다.

> 제49대 헌강대왕(憲康大王) 때에는 서울로부터 사방에 이르기까지 집과 담이 이어지고 초가는 하나도 없었다. 음악과 노래가 도로에 끊이지 않았고……동해의 용은 기뻐해서 아들 일곱을 거느리고 임금의 앞에 나타나 덕을 찬양하여 춤을 추고 음악을 연주했다. 그 중의 한 아들이 임금을 따라 서울로 들어가서 임금의 정사를 도우니 그의 이름을 처용(處容)이라 했다.……그(처용)의 아내가 무척 아름다웠기 때문에 역신이 흠모해서 사람으로 변하여 밤에 그 집에 가서 몰래 더불어 자게되었다. 처용이 밖에서 자기 집에 이르렀는데, 두 사람이 누워 있는 것을 보고 이에 노래를 부르고 춤을 추면서 물러 나왔다.……이 일로 인해서 나라 사람들이 처용의 형상을 문에 그려 붙여서 사악함을 물리치고 경사스러운 일을 맞아들이게 되었다.……왕이 또 포석정(鮑石亭)에 행차했더니 남산(南山)의 신이 임금 앞에 나타나서 춤을 추었다. 좌우사람들은 보지 못했으나 왕만은 홀로 보았다. 사람이 앞에 나타나 춤을 추니 왕 자신이 춤을 추어 그 형상을 보이었다. 신의 이름은 혹 상심(詳審)인 까닭에 지금 사람들이 이 춤을 전했는데, 어무산심(御舞山神)이라고도 한다. 어떤 이는 신이 이미 나와 춤을 추자 그 모습을 살펴 본떠 공인에게 명하여 그 모습에 따라 새겨 후세 사람에게 보이게 했으므로 상심(象審)이라 한다고 했다. 혹은 상염무(霜髥舞)라고도 하니, 이는 그 형상에 따라 일컬은 것이다.
>
> 왕이 또 금강령(金剛嶺)에 갔을 때 북악(北岳)의 신이 나타나 춤을 추었는데, 이를 옥도령(玉刀鈴)이라 했다. 또 동례전(同禮殿)에서 잔치를 할 때에는 지신(地神)이 나와서 춤을 추었으므로 지백급간(地伯級干)이라 했다.[8)]

이 글은 헌강대왕(憲康大王, ?~886)대에 있었던 일들을 기록하고 있는데, 신화적인 요소가 삽입되긴 했지만, 당시 춤의 존재를 알려준다. 물론 '처용의 춤'과 '옥도령' 그리고 '지백급간'이 당시 춤의 명칭이었는지는 불확실하다. 하지만, 적어도 이 춤들 중 처용의 춤과 상염무는 가면극이었음은 분명해 보인다.

---

8) 『三國遺事』 卷2, 處容郎 望海寺.

이중 처용무는 고려시대를 거쳐 궁중정재화 되면서 영남지방만의 춤이라고 볼 수 없게 되었다. 하지만, 조선시대에도 영남지역에서 처용무가 계속 행해졌음은 조선 명종(明宗) 때의 문인 권응인(權應仁, ?～?)이 저술한 『송계만록(松溪漫錄)』에 "지난해에 우리나라에도 어떤 조정 관원이 영남(嶺南)에 사신으로 나가, 스스로 처용(處容) 가면을 쓰고 돌며 춤을 추었다."[9]는 기록을 통해서 확인할 수 있다.

아울러, 우리나라 검무의 시원으로 여겨지는 황창랑도 신라와 관련을 맺고 있어 참조된다. 이첨(李詹, 1345～1405)이 저술한 『동경잡기(東京雜記)』 풍속 '검무지희(劍舞之戲)' 조를 보면,

> 황창랑(黃倡郎)은 신라인이다. 속설에 전하기를 나이 일곱 살 때 백제(百濟)의 시가에 들어가 칼춤을 추니, 구경하는 사람이 담처럼 둘러섰다. 백제의 임금이 듣고 황창랑을 불러다 보고는 마루에 올라와서 칼춤을 추라고 명령하였다. 황창랑은 기회를 틈타서 백제왕을 찔러 살해했다. 그러자 분노한 백제 사람들이 그를 죽이고 말았다. 신라 사람들이 이를 슬프게 여겨 그의 얼굴 모습을 본뜬 탈을 만들고, 칼춤을 추었는데, 지금도 그 칼춤이 전하고 있다.

고 기록되어 있다.

검무는 '검기무(劍器舞)'·'황창랑무(黃倡郎舞)'라고도 부른다. '황창랑무'라고 하는 것은 황창이라는 신라 소년으로 인해 검무가 시작된 것으로 전해지고 있기 때문이다. 황창랑이라는 신라의 소년이 나라를 위하여 백제 왕궁에 들어가 왕 앞에서 칼춤을 추다가 백제왕을 죽이고 자신도 잡혀 죽자, 그의 충절을 추모하여 신라 사람들이 창랑의 용모와 비슷한 가면을 만들어 쓰고 그가 추던 춤을 모방한 데서부터 시작되었다고 하고 있다.

황창랑으로부터 유래된 검무가 탈을 쓰고 하는 가면극으로 발전했음을 알 수 있는데, 이는 신라에서 탈춤이 매우 발달했음을 알려주는 것으로 생각된다.

신라시대의 춤 중 원효와 관련되어 언급되었던 춤은 고려시대에 전국적으로 보

---

9) 『松溪漫錄』 下, 博塞之戲聖賢所戒.

급되었던 것으로 보인다. 이는 이규보(李奎報, 1168～1241)의 『파한집(破閑集)』을 통해 볼 수 있다.

> 원효대성이 고기집과 술집을 출입하던 때 일찍이 목이 구부러진 표주박을 어루만지면서 저자에서 노래부르며 춤추니 이것을 '무애(無㝵)' 라고 이름하였다. 그 뒤 호사자(好事者)들이 금으로 만든 방울을 그 위에 달고 채색 비단을 그 밑에 드리워 장식하여 (이것을) 두드리며 앞으로 나갔다 뒤로 물러갔다 하는 것이 모두 음절에 맞게 하고 여기에다가 경론(經論)에서 발췌하여 게송(偈頌)을 지어 이걸 이름하여 '무애가' 라 하여 밭가는 늙은이들까지도 이것을 본받아 놀이하였다.[10)]

이 기록을 살펴보면, "밭가는 늙은이들까지 이것을 본받았다"고 하는 구절을 통해 고려시대에 신라에서 유래된 춤이 전국적으로 보편화되었을 가능성을 추정할 수 있는 것이다. 이 점은 신라의 지배층이 고려의 지배층으로 편입되면서 경상도 지역의 문화가 여전히 문화적 우위를 지키고 있었던 데서 비롯된 것으로 여겨진다.

고려시대 경상도 춤과 관련한 기록은 불명확하긴 하지만, 최자(崔滋, 1188～1260)의 『보한집(補閑集)』에 사천감(司天監) 이인보(李寅甫)가 신종(神宗) 2년(1199)에 경주도제고사(慶州道祭告使)가 되어 산천에 제를 올리는 일을 마치고 돌아가려다 영주의 부석사(浮石寺)에 이르렀는데, 이 때 어떤 여인이 빙빙 돌며 춤을 추었다(蹁躚)[11)]고 하는 기록을 통해 볼 수 있다. 물론 다만 빙빙 돌면서 춤을 추었다고 하고 있어, 그 구체적인 형태는 알기가 어렵다.

황창랑으로부터 유래를 찾는 검무도 고려시대에 경주에서 지속적으로 행해지고 있었던 것으로 보인다. 이는 앞서 언급한 이첨의 『동경잡기』를 통해 알 수 있다. 이첨은 『동경잡기』 관창편에서 경주에 갔을 때, 칼춤을 추는 동자를 보게 되었고 이 동자로부터 황창랑 전설을 전해들었다고 하고 있는 것이다. 이첨은 황산벌에서 백제와 신라의 국운을 건 싸움에서 계백에게 죽임을 당한 관창의 이야기가 와

---

10) 『破閑集』 卷下, 昔元曉大聖.

11) 『補閑集』 下卷, 承安三年戊午條.

전된 것이 아닌가 보고 있다. 여하튼『동경잡기』에서 이첨이 을축년인 1385년 겨울에 검무희를 봤다고 하는 것으로 봐선 고려시대에도 동경 즉 신라의 서울이었던 경주 지역에서 검무가 전승되고 있었음을 말해준다.

그러한 점은 점필재(佔畢齋) 김종직(金宗直, 1431～1492)의『동도악부(東都樂府)』를 통해서 확인할 수 있다.

저기 저 사람 아직 어린애
몸은 아직 석자도 못되는데, 어찌 그리 씩씩한가
평생에 왕기(汪錡)가 바로 나의 스승이네
나라 위해 설욕하면 부끄러울 것이 없네
목에 칼을 대어도 다리 안 떨리고
칼이 심장 가리켜도 눈 아니 흔들리네.
공을 이루자 춤추고 사라지니
산을 끼고 북해(北海)라도 뛰어넘을 듯

라고 기록되어 있는데, 동도 곧 경주에서 황창무희를 보고 감회를 피력한 것이라는 점을 볼 때 고려시대부터 내려오던 검무가 조선시대에 들어서도 경주지역에서 이어지고 있었음을 말해준다.

경상도 지역의 검무는 조선 숙종(肅宗) 37년(1711)에 저술된 임수간(任守幹, 1665～1721)의 일본 사행 기행록인『동사일기(東槎日記)』에는 현재의 경북에 속해있는 청송(青松) 기생 두 사람의 검무가 볼 만했다고 하면서, 쌍검(雙劍)을 던졌다가 한 손으로 받는 그 솜씨가 참으로 뛰어난 기예였다[12]고 기록하고 있어 당시 검무는 쌍검을 사용하며, 검을 공중으로 던졌다가 받는 동작이 있었음을 알 수 있다. 이는 경주 외의 경상도 지역에도 검무가 전해지고 있었음을 알려준다. 물론 현재, 영남지역의 검무가 당시 중앙의 검무와 어떠한 차이점을 갖고 있었는지는 확인하기는 어려운 것이 사실이다. 하지만, 적어도 경주를 중심으로 경상도

12)『東槎日記』乾, 辛卯年(1711, 肅宗 37) 5월 26일.

지역에 검무가 지속적으로 행해지고 있었음은 확인이 된다. 오히려 경상도 지역의 검무가 타지역의 검무에 영향을 주었음은 밀양(密陽) 출신의 기생 운심(雲心)의 사례를 통해 살펴볼 수 있다. 성대중(成大中, 1732～1809)의 『청성잡기(青城雜記)』에 의하면, 운심은 검무솜씨로 당대 이름이 있었는데, 관서(關西) 지방의 검무를 추는 기생들이 대부분 그의 제자였다[13]고 기록하고 있기 때문이다.

이상으로 경상도 지역의 춤에 대해 역사 기록 들을 중심으로 살펴봤는데, 가면극과 검무에 대한 기록이 많이 나타나고 있음을 알 수 있다. 이 점이 경상도 지역만의 특징인지에 대해서는 자신할 수 없지만, 적어도 경상도 지역의 춤에 가면극의 요소가 많이 삽입되어 있음을 알 수 있다. 또한 처용무와 무애무 혹은 검무 등의 예에서 볼 수 있듯 신라에 그 연원을 둔 춤들이 중앙으로 흡수되고, 그 후 오랫동안 지속되어 왔다는 점에서 경상도 지역의 춤이 우리 춤에 영향을 많이 미쳤을 것으로 추정해 볼 수 있을 듯하다.

---

13) 『青城雜記』 卷3, 雲心密陽妓也.

대구 살풀이(권명화 살풀이)

1. 개요 및 전승관계

영남은 신라의 정통을 이어받은 지역으로 불교문화를 비롯해서 수많은 문화재가 있었다. 특히 신라시대의 악무는 상당히 수준 높은 것이었고 그것이 오늘날 전통춤의 모태가 되었다. 옛부터 영남지역은 풍류를 중요하게 여기는 인물이 많았으며 많은 민속춤과 속화된 궁중정재가 지역적 특성을 지니면서 전해지고 있다.

영남지역의 살풀이춤은 호남지역 춤꾼이나 그 곳 권번 출신의 사람들이 이 지방으로 이주해 온 후에 유입된 것이므로 그 뿌리는 호남지역 살풀이춤에 있다고 본다. 부산지역에서 살풀이춤을 추는 이들은 강남기·김규화·김온경·김진홍·서순옥·서화자·심지영·엄옥자·유금선·이경자·이도근·정덕자·차성미·홍복순이 있으며, 진주지방의 살풀이춤을 추는 이는 김수악·정신금이 있고 통영지방의 살풀이춤을 추는 이로는 정묘연, 대구지방의 살풀이춤을 추는 이는 권명화가 있으며 경주지방의 살풀이춤을 추는 이는 이말량·장월중선이 있다.

또한 부산지역의 살풀이춤은 동래권번에서 전승되어 현재까지 추어지고 있는데 동래권번은 6·25이후 폐쇄되었지만, 권번의 이름이 국악원 또는 무용연구소로 개칭되어 활동이 지속되었다. 그러나 최근까지도 이런 기관들은 권번이라고 계속 불려지기도 했다고 한다. 부산지역의 살풀이춤꾼들은 대부분이 호남지역의 춤꾼들이거나 그 곳 권번출신이 부산으로 이주해 온 이후 그들에게서 전수받은 부산

지역 춤꾼들이다. 특히 목포 권번 출신인 김규화는 부산·마산 그리고 현재에는 울산에서 아직까지 무용연구소를 운영하며 후진들을 지도하고 있다. 또 부산 지역의 40세 이상의 춤꾼들은 상당수가 호남의 이매방의 살풀이춤을 전수받아 추는 사람들이다. 그 외에 동래권번의 강참범에서 지도받은 사람들도 있다.[1] 이 지역의 살풀이춤은 과거 교방청을 거쳐 권번에서 추어지던 춤으로서 호남지역에서 유입된 춤이라고 한다.

영남 문화의 중심지인 대구 지역은 한말까지 대구 감영을 정점으로 경상감사의 후원과 지원에 힘입어 많은 창악인들이 활동하였으며 그 시절 꽃피웠던 악무의 전통은 오늘로 이어지고 있다. 대구에는 조선 말엽 대구 감영 주관아래 전국 명인명창대회가 개최되었으며 대원군 때 궁중연회에 참가한 명인 명창들이 대구로 내려와 공연을 펼치곤 하였다.

대구 지역의 전통춤을 거론함에는 박기홍·박지홍을 빼놓을 수가 없다. 박지홍의 스승 박기홍은 전남 나주 출신으로 고수였던 부친의 피를 물려받아 타고난 재주에 정춘풍의 기예를 물려받았으며 명창 이날치·김창환과는 이종 사촌이었다.

그는 한성준이 전국유랑생활을 청산하고 서울 무대에 등장하는 1900년대 초반 수행고수로 활약하였으며 악과 소리 등에 능통하였으나 직접 춤을 추었다는 기록은 보이지 않고 있다. 그러나 그 시절은 소리·춤 등이 각각 분화되어 전문화된 것이 아니었고 한 무대에서 상호 넘나들었던 점으로 미루어, 춤의 수준도 일가를 이루었을 것이라고 짐작 할 수 있다. 소리판에서는 놀음채를 미리 정해놓고 그 액수에 따라 소리를 한 것으로도 유명하다.[2]

박지홍 역시 전남 나주가 고향이며 어질 적 같은 마을에 살던 김창환 명창 문하에서 소리를 배웠고 대구로 이주한 후 박기홍 문하에서 전통예능을 물려받아 대구지역 전통 교육의 구심체 역할을 하였다.[3] 대구에는 달성권번과 대동권번이

---

1) 문화재관리문화재연구소, 『승무 살풀이춤(경남·북편)』, 1989, 문화재관리국 문화재 연구소.
2) 성기숙, 『한국 전통춤 연구』, 1999, 현대미학사.
3) 박황, 『판소리 小史』, 1976, 신구문화사.

있어 춤·소리·각종기악을 가르쳤는데, 달성권번은 특히 예기들의 실기교육장으로서 유명하였다. 박지홍은 대동권번에서 창·춤 등을 지도하였고 입춤·검무·살풀이춤·승무 등이 기예기생들에 의해 전문적으로 학습되었다고 한다. 박지홍은 한때 대동권번에서 춤사범으로 지낸 바 있어 이 지역 출신의 이름난 전통춤꾼들은 거의 모두 그의 문하를 거쳤고 이 때 춤을 배운 권명화는 박기홍-박지홍으로 이어지는 가장 뚜렷한 계보의 맥을 잇는 춤꾼이다. 또한 권명화는 대동권번에서 춤을 가르치던 박지홍에게서 살풀이를 전수받아 추어오다가 영남지역에서는 유일하게 살풀이춤으로 대구시 무형문화재 제9호 <살풀이춤 예능보유자>로 지정받았다.

박지홍의 춤맥을 따르고 있는 권명화는 살풀이춤 외에도 입춤을 전수 받았는데 입춤은 굿거리장단을 거쳐 덧배기 장단으로 마무리되기도 하고 경우에 따라서는 구음장단에 맞추기도 한다. 권명화의 입춤에는 짧은 수건을 들고 추는 춤이라든가, 중간에 수건을 바닥에 뿌렸다가 엎드려 입으로 물어 올리는 독특한 장면들이 삽입되어 있는데 이는 살풀이춤의 동작과 흡사하고, 다양한 수건놀림으로 구성되어 있다는 점, 그리고 발디딤이나 팔사위 등에서 매우 절제되고 축소된 움직임이 주조를 이루고 있다는 점에서 권번에서 추어졌던 입춤의 원형적 모습을 비교적 많이 간직하고 있다[4]고 보여진다.

박지홍으로부터 입춤을 전수한 것처럼 살풀이춤도 박지홍의 뿌리는 권명화에게 전승되고 있다. 권명화의 살풀이춤은 처음 느린 굿거리에서 박지홍류를 그대로 하다가 자진 굿거리로 넘어가면서 이춤의 특징인 고풀이와 연풍대 동작이 나타나며 다시 늦은 굿거리로 끝을 맺는다. 고풀이와 연풍대는 다른 춤에서 볼 수 없는 이 춤만의 독창적인 면이라 할 수 있으며 고풀이 동작을 하기 위해서 3자의 긴 명주수건을 들고 춘다. 살풀이 춤사위는 투박하며, 직선적인 동작이 많고, 고풍스럽고 우아해 무구인 수건의 움직임에 따라 동작의 여백미가 돋보임과 동시에 경상도 춤에서 나타나는 질박미와 투박함이 농축되어 있다. 장단과 춤가락, 춤 맵시

---

4) 성기숙, 위의 책.

는 옛 모습을 그대로 보존하고 있는 전통적 춤사위 위주로 짜여져 있다.[5)]

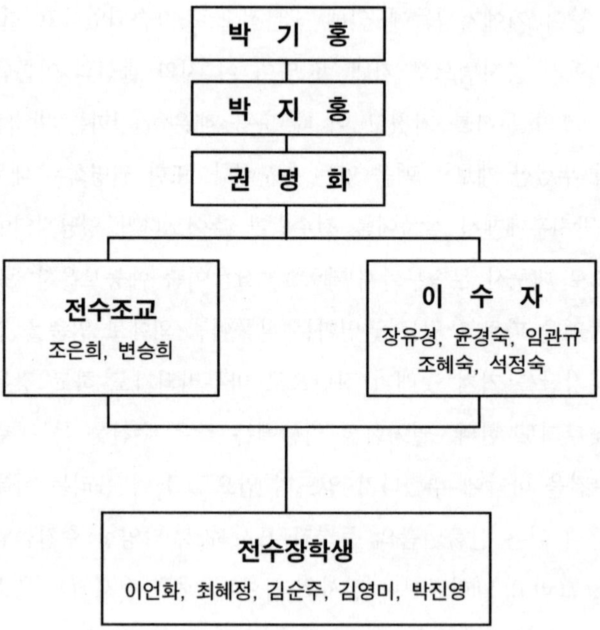

〈전승현황〉[6)]

이상에서 본 것처럼 권명화의 살풀이춤은 호남 출신인 박기홍과 박지홍으로부터 전수된 것으로 보여진다. 다른 대부분의 영남의 살풀이춤 또한 호남의 살풀이춤을 근원으로 하여 영남지역 춤의 특색이 가미되면서 계승되어진 지역화된 춤이라 볼 수 있다. 영남지역의 살풀이 춤이 호남류의 맥을 따르고는 있으나 지리적, 역사적 맥락이 다른 이유로 나름의 지역적 특색을 가지고 있음은 분명하다.

5) 김순주, 권명화 살풀이 춤에 관한 고찰, 계명대학교 교육대학원 석사학위 논문, 2000, 27~32쪽 발췌.

6) 권명화, 2007년 7월 권명화 인터뷰에 의한 것으로 기존 자료와는 다소 거리가 있는 최근 계보 현황임을 밝힘.

2. 권명화 살풀이 춤사위

권명화 살풀이춤은 전체 15분의 연희 시간이 걸리는데, 장단은 늦은 굿거리, 자진 굿거리, 늦은 굿거리 순으로 진행되며 각 과정에서 곧바로 장단변화를 주지 않고 넘김채의 역할을 하는 자진장단이 들어가 춤동작에 자연스러운 장단변화의 예고와 속도 변화를 주어 구성상 흐름의 변화를 알려준다.

모든 살풀이가 그러하듯 한국의 살풀이춤은 한과 신명의 정서를 반영한다. 백색의 의상이나 흰색의 수건은 상징성에 있어 본질적인 의미는 같다. 즉 인간 생사에서 오는 고통과 변화를 감정에 실어 정화하고자 한 춤이다. 그렇다면 권명화의 살풀이가 갖는 춤사위는 어떠한 지역적 특성을 가지며 어떠한 변화를 갖게 되었는가가 중요하다. 권명화의 살풀이춤은 인간이 겪게 되는 희로애락이 담긴 일상생활의 감정을 표현하는 것으로 수건을 던지고, 감고, 풀고, 돌림으로써 이를 형상화하고 있다. 무구인 수건의 길이는 다른 지방보다 긴 3자의 길이인데 이는 특유의 고를 매는 동작 때문이다. 팔 동작은 흰 수건을 오른팔, 왼팔로 옮겨가면서 감으면 풀고 풀면 감아버리는 동작이 반복되는데 팔사위는 비교적 높은 것이 특징이다. 그리고 굿거리 마지막 부분은 수건을 바닥에 떨어뜨린 뒤 몸을 굽혀 엎드려서 수건을 어르고 그 다음 집어 들고 일어서는데, 이는 인간이 땅에 엎드려 땅과 하나가 된 상태에서 하늘을 우러르며 인간이 땅에서 나서 다시 땅으로 돌아간다는 윤회사상의 표현이자 땅과 하늘, 그리고 인간을 귀하게 여긴다는 뜻이 담겨져 있는 동작이다. 자진 굿거리에서는 빠른 장단에 맞추어 수건을 공간에 휘날리며 정중동의 미가 극치를 이루고 '액'과 '살'을 모아서 풀어낸다는 뜻에서 다른 살풀이춤에서는 볼 수 없는 이 춤의 특징적인 고풀이 동작이 나타난다. 이 고풀이 동작은 2가지로 나타나는데 하나는 수건을 이용하여 고를 매었다가 푸는 동작이고 또 하나는 연풍대에서 춤판을 크게 이동하면서 신체에 고를 매는 형식으로 원을 그리듯이 회전하는 동작인데, 이것 역시 몸안에 살을 풀어내는 춤사위를 표현한 것으로 부드러운 곡선과 힘의 기교가 나타난다. 고풀이는 남부지방 굿에서 상징적인 절차 중 하나로서 흰 천으로 12개 또는 7개의 매듭을 만들고 그 한 쪽 단을 기둥에 매어 다른 쪽을 무녀가 노래를 부르며 잡아당겨 하나씩 풀어 가는 동작으로 영남지방에서 굿에서 예부터 행해 오던 절차이다.

무속에서 나타나는 고는 12고 또는 7고 이지만 권명화 살풀이춤 안에서는 살풀이를 무대화 시키면서 수건의 길이 때문에 12고를 매는 동작을 다 사용하지는 않는다. 고풀이 동작을 끝으로 하여 늦은 굿거리에서는 춤을 마지막으로 정리하는 의미에서 그냥 제자리에서 맴돌이를 하여 서서히 풀어주면서 조용히 합장하여 끝을 맺는다.[7] 다음은 권명화의 중요 춤사위 용어와 부연설명이다.

1. **상체사위**

용 어	사 진	설 명
팔 올림 사위		한팔 또는 두 팔을 올리는 동작
팔 내림 사위		한 팔 또는 두 팔을 밑으로 내리는 동작 (이 동작은 모든 춤을 연결시키는 역할을 한다)

7) 김순주, 권명화 살풀이 춤에 관한 고찰, 계명대학교 교육대학원 석사학위 논문, 2000, 38~43쪽 발췌.

용 어	사 진	설 명
일자 사위		한 팔 또는 두 팔을 일자로 펴는 동작
걸침 사위		수건을 어깨에 걸치는 동작
머릿 사위		수건을 머리 위 좌우로 돌려 뿌리는 동작
뿌림 사위		• 앞 뿌림 : 수건을 앞으로 뿌리는 동작 • 던져 뿌림 : 수건을 어느 곳이든 던져 뿌리는 동작 • 모아 뿌림 : 수건을 모았다가 뿌리는 동작 • 위 뿌림 : 수건을 위로 뿌리는 동작 • 옆 뿌림 : 수건을 옆으로 뿌리는 동작
합장 사위		양손을 가슴 앞에서 모아서 합장하는 사위
여밈 사위		두손을 가슴 앞에서 모아 어르는 사위

용 어	사 진	설 명
여며 뿌림 사위		여며서 어르다가 두 손을 동시에 앞으로 뿌리는 동작
필체 사위		모음이나 준비 혹은 차렷 자세에서부터 몸을 스쳐 끌어당기거나 위나 옆 혹은 사선으로 뿌리는 동작
학체 사위		학의 모습을 형상화한 동작 형태로서 양손이 학이 날개를 펴듯이 서서히 펴거나 학이 활개를 펴고 날아가듯 옆으로 펼치는 동작
궁체 사위		활 모양처럼 팔을 둥글게 만든 동작 형으로 팔을 들 때 겨드랑에서 둥글게 끌어 올리며 수건을 뿌리거나 던질 때 수건의 모양이 자연스럽게 원 형태를 이루는 동작
고 매는 사위		수건을 이용하여 움직이면서 매듭을 짓는 동작
고 푸는 사위		매듭지어져 있는 수건을 풀어내는 동작

용 어	사 진	설 명
꺾음 사위		손목을 강하게 꺾는 사위

2. 하체 사위

용어	사진	설명
앞걸음 사위		앞으로 발을 디뎌 걸어가는 동작
뒤걸음 사위		뒤로 발을 디뎌 걸어가는 동작
찍는 사위		발의 앞꿈치나 뒤꿈치를 어느 방향으로 가볍게 땅으로 찍는 동작
디딤 사위		한 발을 들었다가 내리면서 묵직하게 무게중심을 옮기는 동작

용어	사진	설명
까치걸음		한발을 살짝들었다 놓으면서 작은 걸음으로 걷는 동작
엇박 걸음사위		정박에 발을 딛는 것이 아닌 박과 박 사이에 엇박으로 딛는 동작
회전 사위		박 수와 방향에 상관없이 제자리에서 90°·180°·360° 도는 동작
걸어 도는 사위		정박 걸음이나 잦은 걸음으로 걸어서 옮겨 도는 동작
잔걸음 사위		잦은걸음으로 앞·뒤·옆을 왔다갔다하는 동작

3. 몸통사위

용어	사진	설명
몸 돌리기 사위		제자리에서 한 장단 또는 반 장단 느리고 부드럽게 도는 동작
엎드린 사위		엎드려 있는 자세로 몸통을 비틀면서 왼팔과 오른팔을 교차하는 동작
어르는 사위		제자리에서 팔이나 어깨를 좌우로 작게 흔들어 어르는 동작
어깨 걸치는 사위		수건을 한쪽 어깨에 걸쳐 매고 제자리에서 어르는 동작
연풍대(회전하면서 고 매는 동작)		살풀이 수건을 이용하여 신체에 고를 매는 형식으로 제자리에서 한 바퀴 돌면서 오른손을 뒤로 접어 넣는 동작
연풍대(회전하면서 고 푸는 동작)		위의 동작 후에 오른팔을 위로 뿌리고 높이 들면서 앞으로 나가는 동작

3. 춤사위 구조와 미적 특성

영남류 살풀이춤은 단순한 가락 속에 추어지며 정박의 춤사위로 된 덧배기 또는 배김새라는 독특한 춤사위가 들어 있어서 동작 하나 하나가 철저하게 장단과 일치하며 춤사위가 힘차고 의젓한 매김새를 주축으로 한다. 영남의 지리적·역사적·풍속적 조건들로 인해 다른 지역과는 달리 춤의 종류도 많고 흥겹고 멋스러운 춤사위와 직·곡선적이며 투박스러운 춤이 특징이다. 또한 웅장한 산세의 영향으로 춤세 역시 폭이 넓고 동적이며 선이 굵고 힘이 넘침과 동시에 고풍스럽고 우아함이 느껴진다. 영남류 중 권명화 살풀이춤은 이러한 내용들을 잘 반영하는 춤이라고 볼 수 있다.

상체구조의 특징으로는 호남 살풀이 박지홍의 사사를 받은 영향때문에 사위의 모양새가 호남지역의 살풀이춤과 흡사하다. 하지만 오랜 세월 동안 권명화에 의해 추어져 팔사위의 모양새가 크고 시원하며 손목을 강하게 꺾는 사위들과 무구의 움직임에 따라 동작의 여백이 돋보임과 동시에, 경상도 춤에서 나타나는 질박미와 투박함이 농축되어 있으며 그 형태가 직·곡선적이다. 어깨를 앞으로 숙이거나 허리를 숙이지 않는 꼿꼿한 상체 움직임은 대구지역의 투박스럽고 수수함이 가득한 멋을 한껏 뿜어내는 것이 특징이라 하겠다.

곧 상체구조의 미적 특성은 흰 수건을 오른팔, 왼팔로 옮겨가면서 감으면 풀고 다시 감는 동작과 큰 원을 위로 뿌리는 동작이 반복되는데 이것은 음양의 조화를 이루고자 하는 음양사상이 근본을 이룬다. 이러한 음양의 조화는 춤동작의 선을 태극의 모양으로 자연스럽게 만들어져 나타나게 된다. 특히 빠른 장단에 맞추어 수건을 공간에 휘날리며 정중동의 미가 극치를 이루고 액과 살을 모아서 풀어낸다는 뜻에서 다른 살풀이춤에서는 볼 수 없는 이 춤의 특징적인 동작이 바로 고풀이 동작이다.

권명화 살풀이춤의 하체사위의 특징은 대구지방의 고유한 특징을 잘 표현하고 있다. 사위의 용어나 동작들은 타 지방 살풀이춤과 크게 다르지 않으나 그 움직임에 있어서 발 디딤새가 아주 크고 잔가락이 별로 없어 잔걸음보다는 큰 걸음이 많다. 또한 발 디딤새는 장단에 따라 자진박으로 동작을 크게 푸는 선이 많기 때문에 무대 진행의 폭도 크다. 오금을 많이 죽이면서 직선적인 동작들이 많으며, 무릎을 높게 들거나 앞걸음을 큰 폭으로 디뎌 발걸음이 텁텁하며 움직이는 매듭이 있고, 앞꿈치로 추지 않고 뒤꿈치를 굴리면서 추는 권명화의 살풀이춤은 매우 남성적이며 투박스럽다는 것을 알 수 있다.

또 시작을 왼발로 하고 360° 제자리 회전을 할 때는 왼손, 왼발을 이용하여 왼쪽으로 도는 경우를 보이고 있는데 정병호는 이를 무당춤만이 신을 가장하기 위해 사용하는 발의 움직임[8]라 하였는데, 이는 살풀이춤의 무무적 원형을 지금도 전승하고 있는 권명화 춤의 큰 특징이라 할 수 있다.

몸통구조의 특징은 상체사위에서도 고 매는 사위를 설명하여 언급하기는 하였지만 손으로 고를 매었다 풀었다 하는 형식 말고도 신체를 이용하여 고를 맨 것이 특징이다. 푸는 고풀이 형식이 진행되는데 이를 연풍대에서 찾아 볼 수 있다. 또 느린 살풀이 67 장단에서도 머리위로 수건을 모아 뿌리면서 그 형식이 보여진다. 고풀이는 남부 지방 굿에서 상징적 절차 중 하나로 흰 천을 기둥에 매어 고를 만들고 그 다른 쪽을 무녀가 노래를 부르며 하나씩 잡아당겨 풀어가는 절차로 이를 살풀이 춤 안에서 무대화 시키면 살을 풀어내는 춤사위를 표현하기 위한 권명화 살풀이춤만의 독특한 예술구조를 형성하여 타 지방 살풀이춤과 뚜렷하게 구별되고 있다.

권명화의 춤사위는 허리를 꼿꼿이 세우고 오금을 많이 죽이면서 직선적인 동작들이 많고 시원스러우면서 팔동작들은 대체로 크고 높다. 발디딤새가 아주 크고 잔가락이 별로 없으며 앞꿈치로 추지 않고 뒷꿈치를 굴리면서 추어 잔걸음보다 큰 걸음이 많다. 또한 발디딤새는 장단에 따라 자진박으로 동작을 크게 푸는 선이 많기 때문에 무대 진행의 폭도 크다. 권명화 살풀이춤의 가장 큰 특징인 고풀

8) 정병호, 『한국무용의 미학』, 집문당, 2004, 112쪽.

이와 연풍대는 수건으로 고를 맺었다가 풀어주는 동작으로 여인들의 한과 살을 풀어주는 의미를 지닌다. 직·곡선적이며 투박하고 동적이지만 동시에 고풍스럽고 우아함이 느껴지는 춤이다. 따라서 살풀이춤의 수건은 흰 명주수건이며 이 춤에 들어 있는 특유의 고를 매는 동작 때문에 길이는 다른 지방보다 긴 3자이다. 수건으로 고를 매었다 푸는 것은 살을 푸는 것을 의미하며 따라서 이 춤의 가장 큰 특징인 고풀이 동작에서 중요한 역할을 하는 무구이다.

춤의 특징	상체 사위	손목을 강하게 꺾는 사위와 무구의 움직임에 따라 동작의 여백이 돋보임과 동시에 경상도 춤에서 나타나는 질박미와 투박함이 농축. 어깨를 앞으로 숙이거나 허리를 숙이지 않는 꼿꼿한 상체 움직임을 보여줌으로써 대구지역의 투박스럽고 꾸밈없는 수수한 멋을 한껏 뿜어내는 것이 특징. 대개 직선이 돋보이는 춤사위
	하체 사위	움직임에 있어서 발 디딤새가 아주 크고 잔 가락이 별로 없어 잔걸음보다 큰 걸음이 많음, 발 디딤새는 장단에 따라 자진박으로 동작을 크게 푸는 선이 많기 때문에 무대 진행의 폭이 큼. 오금을 많이 죽이면서 직선적인 동작들이 많으며, 무릎을 높게 들거나 앞걸음을 큰 폭으로 디뎌 나가거나 발걸음을 턱턱하게 디뎌 움직이는 매듭이 있고, 앞꿈치로 추지 않고 뒤꿈치를 굴리면서 추는 권명화의 살풀이춤은 매우 남성적이며 투박스러움
	몸통 사위	손으로 고를 매었다 풀었다 하는 형식 말고도 신체를 이용하여 고를 맨 것이 특징, 푸는 고풀이 형식이 진행되는데 이를 연풍대에서 찾아 볼 수 있으며, 이 고풀이는 남부 지방 굿에서 상징적 절차 중 하나로 흰 천을 기둥에 매어 고를 만들고 그 다른 쪽을 무녀가 노래를 부르며 하나씩 잡아당겨 풀어가는 절차로 살풀이 춤 안에서 무대화 시키면서 몸 안에 살을 풀어내는 춤사위를 표현함이 독창적임
	독창성	배기, 직곡선의 미, 투박한 질박미, 즉흥적, 고풀이, 연풍대
장단의 특징	시나위 장단 느린 살풀이, 자진 굿거리, 느린 살풀이 순서로 진행	
무구의 특징	3자길이의 수건, 고매는 동작을 위해서 다른 지방보다 길어짐	

〈권명화 살풀이의 특징과 독창성〉

고풀이 동작은 2가지로 나타나는데 하나는 수건을 이용하여 고를 매었다가 푸는 동작이 나타나고 또 하나는 연풍대에서 춤판을 크게 이동하여 신체에 고를 매는 형식으로 원을 그리듯이 회전하는 동작인데 이것 역시 몸 안에 살을 풀어내는 춤사위를 표현한 것으로 부드러운 곡선과 힘의 기교가 나타난다. 고풀이는 남부지방 굿에서 상징적 절차 중의 하나로서 흰 천으로 12개 또는 7개의 매듭을 만들고 그 일 단을 기둥에 매어 다른 쪽을 무녀가 노래를 부르며 잡아당겨 하나씩 풀어 가는 절차이며 영남 지방에서 굿에서 예부터 행해 오던 절차이다.[9)]

4. 지역적 특성의 영향

위의 언급대로 권명화의 살풀이는 영남의 지리적 배경과 매우 흡사하다. 즉 전라도 춤의 영향을 받긴 하였으나, 지질상 전라도가 무등산과 변산반도 등 일부 지역을 제외하고는 침식되어 지세가 매우 부드러운 반면, 경상도는 침식이 강한 지형으로 산세가 험한 것과 내륙분지 형태의 지리적 특성으로 춤의 구조가 투박하고 질퍽한 양상을 드러낸다는 점이다. 즉 권명화 살풀이는 다른 춤에 비해 발디딤새라든가 손놀림이 강직하고 투박한 미의 형태를 드러낸다.

그러나 춤사위의 용어에서도 보듯이 방언에 관한한 별 차이를 드러내고 있지 않은 점은 양지역의 방언적 차이가 삼국시대부터 있었던 것으로 예를 들면, 성을 뜻하는 지명을 백제어에서는 '부리'라고 했고, 신라에서는 서라벌, 잠실벌 등의 '벌'로 말했다. 무의식적인 관용어에서도 '저건 굉이지(그자)'와 '(아따) 술한잔 묵소'에서 보여지듯 전라도 화자가 경상도에 비해 이성보다는 정감에 의존해 의사를 표현하고 전달하려는 의식이 강한 것으로 보인다. 양 지역 방언은 그러나 이 같은 차이에도 불구하고 '새비(새우)', 가실(가을)', 무시(무)' 등에서 보듯 흔

9) 최길성, 『한국무속의 연구』, 아세아 문화사, 1978.

히 사투리라고 일컬어지는 대부분의 어휘들을 공통적으로 사용하고 있는 등 다른 지역 방언보다도 서로 유사성이 많은 가까운 언어관계라는 점을 보여주고 있다. 이러한 인접지역 방언의 유사성외에도 영남의 살풀이 용어가 현재 수도권의 문화재 용어와의 관계에 의해 별다른 특징이 없는 것이 아닌가 한다.

이외에도 가장 토속적인 우리 문화의 특징을 지니고 있는 무속의 경우도 전라도가 고부간의 세습의 양상을 띠는 반면 경상도는 대체로 후천적으로 신이 들리는 강신무이며 무당이 신이 들려 귀신소리(공수)를 하고, 화려한 복장과 작두타기 등 신들린 무의례를 행한다는 점은 경상도가 가면극을 한국의 대표적 문화로 계승시키고 있다는 의미에서 잔가락적인 요소에 의해 섬세한 춤사위의 발전을 이미 내포하고 있는 셈이다. 권명화[10]는 살풀이춤의 악기는 징과 구음 장고에 맞추어 춰야 제대로 춤이 나올 수 있다고 말한다. 요즘의 의상과 악기들은 너무 잡다하고 화려한 것들이 많고 모든 지역이 통일되어 있어 나름의 빛깔을 갖지 못한다는 게 아쉽다고 한다. 즉 무속에서 영향을 받은 춤사위의 질박함과 투박한 서민적인 특성이 대구 살풀이만의 특성을 드러내줄 수 있다는 얘기이다. 살풀이의 의상은 끈으로 허리를 조여매어 치마를 올려붙여야만 한다는 것이다. 곧 엉덩이가 불룩 뛰어나옴으로써 큰 움직임이 없어도 형상의 미세한 움직임을 알 수 있고, 발이 드러나 보여 대구 살풀이만의 큰 보폭과 직선적인 움직임을 볼 수 있다는 것이다.

이처럼 소리와 행동으로 특징지어지는 지역 춤사위가 지니는 예술문화의 차이는 경상도가 무뚝뚝한 언어 환경과 음악적 소양이 다소 전라도에 비해 약한 반면, 소리보다는 행동으로 보여주는 극예술의 섬세한 면 또한 많았다는 의미를 드러낸다. 이의 대표적인 예가 농악으로 농악의 음악과 탈놀이란 2대요소가 양 지역에서 따로 분화, 발전되면서 전라도에서는 다양한 민요와 판소리를 낳았고 경상도는 놀이적 요소에서 두각을 나타내 탈놀이를 발전시킨 것만 봐도 알 수 있다.

이러한 지역적 양상에서 보듯 산세나 지리적 요건으로 경상도는 보다 투박하고

---

10) 2007. 7. 25일 권명화와의 인터뷰 내용 중.

질퍽한 예술을 발전시키며 여성성보다는 남성적 색채에 가까운 문화적 특성을 보이고 있다. 따라서 영남의 춤사위가 가진 특색은 지역성과 함께 당연한 독창성을 갖게 된 것으로 추정된다.

참고문헌

강신표,「영남문화연구에 대한 문화인류학적 접근」『영남학』 창간호, 2000.

갑선연,『권명화 살풀이 춤의 구조분석을 통한 미적 특성 연구』, 2005.

김순주,「권명화 살풀이춤에 관한 고찰」, 계명대학교 교육대학원, 2000.

김영갑,『영남과 호남의 문화 비교』, 풀빛, 1998.

대구문화청,『대구의 향교』, 1988.

문화재관리문화재연구소,『승무 살풀이춤(경남·북편)』, 문화재관리국문화재 연구소.

성기숙,『한국 전통춤 연구』, 현대미학사, 1999.

장인숙,「살풀이춤의 류파별 춤사위 비교 분석:한영숙, 이매방, 최선을 중심으로」, 경희대 대학원 박사학위논문, 2000.

정병호,『한국무용의 미학』, 집문당, 2004.

최길성,『한국무속의 연구』, 아세아 문화사, 1978.

사진 제공: 동국예술기획

※ 부록) 춤사위 용어별 비교 및 특징 비교

〈용어의 비교〉

	경기류 살출이춤		호남류 살풀이춤*	영남류 살풀이춤
	한영숙류	김숙자류	이매방류	권명화류
상체사위	뿌리는 사위	뿌리는 사위	양우선	팔 올리는 사위
	여미는 사위	먹는 사위	사체	팔 내리는 사위
	모으는 사위	모으는 사위	안가랑	팔 일자 펴는 사위
	수건 튀기는 사위	수건을 이용한 사위	짓음세	걸치기는 사위
	수건 어깨 걸치기	얹는 사위	평체	머릿 사위
	손 벌리기	드는 사위	외사체	뿌리는 사위
	어깨춤	젖는 사위	고리체	합장 사위
	돌리는 사위	공그리는 사위	학체	여미는 사위
	낙엽사위	던지는 사위	여며채기	어르다가 모아서 뿌리는 사위
		감는 사위	사체 까치걸이	필체 사위
		감고 푸는 사위	수건 쳐올림	학체 사위
		손젖는 사위	어깨걸이	궁체 사위
		학사위	수건 던져 뿌림	고 매는 사위
		용사위	수건일자 들어 올림	고 푸는 사위
		구름사위	사체 가락	
		바람사위	머리위로 수건 돌려 뿌림	
			까치발 머리 수건 채기	
			안가랑 사체	

* 상체사위와 몸통사이의 구분을 따로 하지 않고 상체사위 용어 범주에 몸통사위를 포괄지칭한다.

	경기류 살출이춤		호남류 살풀이춤	영남류 살풀이춤
	한영숙류	김숙자류	이매방류	권명화류
하체사위	발모아 뒤꿈치 올리기	반 앉아 먹는 사위	디딤	찍는 사위
	발 벌리기	한발 들고 먹는 사위	비디딤	반회전 사위
	발 들기	발 차며 뒤로 나가는 사위	좌우걸이	걸어 도는 사위
	도는 사위	완자걸이 사위	까치걸음	뒷걸음 사위
	발 옆으로 돌리는 뒷걸음	잉어걸이 사위	잉어걸이	앞걸음 사위
	까치 걸음	딛는 사위	완자걸이	잦은걸음 사위
	잉어걸이	엇붙임사위		디딤 사위
		자주 딛는 사위		엇박 걸음 사위
		무릎 굽히는 사위		까치 걸음
		한발씩 딛으며 도는 사위		
		한발 딛고 꼬아 도는 사위		
		빙글 사위		
		뱅글 사위		
		먹는 사위		
몸통사위	휘젓는 사위	옆사위		몸 돌리기 사위
	앉아서 휘젓는 사위	저정거리는 사위		엎드린 사위
		목놀이 사위		어르는 사위
		목젓놀이 사위		어깨 걸치는 사위
		보는 사위		연풍대(고매는 사위)
				연풍대(고푸는 사위)

〈춤사위 비교〉*

	경기류 살출이춤		호남류 살풀이춤	영남류 살풀이춤
	한영숙류	김숙자류	이매방류	권명화류
춤의 특징	우아함과 담백함 간결한 기교와 섬세한 춤사위로 인해 정갈함과 단아한 맛 풍김	경기도 도당굿 12걸이 중 동살풀이에서 나온 무속춤, 수건 뿌림의 곡선미, 목젖놀음의 멋	곡선미를 갖춘 여성적인 손짓춤, 유연성, 서민적, 흥과 멋, 신명의 조화, 다양한 가락의 변화	덧배기, 직곡선의 미, 투박한 질박미, 즉흥적, 고풀이, 연풍대
장단의 특징	시나위 장단, 느린 살풀이, 자진 살풀이, 느린 살풀이 장단 순으로 진행	도살풀이 장단 느린 살풀이, 동살풀이, 느린 살풀이 순서로 진행	시나위 장단 느린 살풀이 장단, 자진 살풀이, 느린 살풀이 장단 순으로 진행	시나위 장단 느린 살풀이, 자진 굿거리, 느린 살풀이 순서로 진행
수건	기녀들이 평상시에 저고리 소매속에 지니고 다니다가 춤을 출 때 사용하던 짧은 수건을 한성준이 무대 예술화 시키기 위해 길게 늘임	2m의 가량 흰 명주 수건	창호지를 여러 갈래로 오려만든 것으로 넋을 상징하는 남도 굿에서의 돈전이 교방에서 살풀이춤화함에 따라 명주수건으로 변함	3자길이의 수건, 고매는 동작을 위해서 다른 지방보다 길어짐

* 김순주, 「권명화 살풀이춤에 관한 고찰」, 계명대학교 교육대학원, 2000, 35쪽.

진주 교방굿거리춤(김수악류)

1. 진주 교방굿거리 춤의 형성배경과 유래

조선시대 이후 무축 금지령에 의해 무당들이 사찰과 관가로 나뉘어 교방(敎坊)으로 이입 되었는데 교방 춤에 이와 같은 무무적(巫舞的) 요소가 가미되어 교방춤의 변형된 형태라 할 수 있는 교방굿거리 춤이 생성되었다.

교방굿거리 춤이 언제 어떠한 이유로 진주 교방에 들어왔는지 확인 할 수는 없으나, 교방에서 추어진 춤으로 굿거리춤, 수건춤, 입춤 등으로 기품의 형태를 지닌 춤으로 발전하여왔고 오늘날 무대 예술로서의 체계를 갖추고 교방 굿거리 춤으로 계승되어 전해지고 있다.

교방춤은 일제시대에 들어 일대 전환기를 맞게 된다. 1900년대 일제 강점기와 더불어 조선 왕조가 붕괴되고 일제 통감부의 간섭아래 정부기구 개편에 따른 몇 차례의 정비과정 속에서 왕실은 재정적 어려움을 겪게 되며 궁중의식에 대한 춤, 음악, 문화에도 역시 큰 영향을 받게 되었다. 광무 9년(1905)에 여악이 폐지되고 1908년 태의원 및 모든 관기제도가 폐지됨에 따라 궁내부를 비롯한 전국의 관청에 소속된 모든 관기들은 각기 생계를 위해 뿔뿔이 흩어지게 되었다. 여악과 관기제도가 폐지됨으로써 사실상 관에 의해 전승되는 여악의 형태는 사라졌다. 약방(의녀), 상방(침선기)기녀들은 관기 제도가 없어지고 난 뒤 그들의 예능활동과 생계를 위해 예기 조합에 가입 하게 되는데, 궁중 춤의 전승과정 및 변천에 있어서 중요한 역할을 담당했던 계층이다.

8·15해방 이후 교방 춤은 진주·평양·해주·목포 등의 지역으로 분화되었지만 그 중 진주지역에서만 활발한 활동과 유일하게 교방 춤의 원형을 올곧게 보존하여오고 있다. 그리고 교방굿거리 춤의 시기를 예측 할 수 있는 예로 고종 9년(1872)에 진주 지역의 춤과 노래를 정리해놓은 책이 있는데 그 책은「교방가요」이다. 이 「교방가요」는 지방 관리를 지내던 정현석 에 의해 편찬된 책으로 춤에 대한 지대한 관심으로 14종의 춤과 13종목의 무곡이 실려 있다고 한다. 더욱이 교방에서 쓰이는 우조 계면등 노래와 여러 가지 춤의 도해와 함께 비교적 상세히 기술하고 있는데 교방춤 전승 내력을 알 수 있다. 이 책에 수록된 춤을 보면 육화대·연화대·헌선도·무고·포구락·검무·선유락·항장무·의암별제가무·아박무·향발무·황창무·처용가무·승무가 있다. 이 기록으로 보면 교방굿거리 춤은「교방가요」정리 이후에 생겨난 춤이라 볼 수 있다.

진주 교방굿거리 춤은 진주 권번 계열의 굿거리 춤으로 진주 지역의 입춤으로 최완자류를 따르는 김수악의 입춤을 일명 교방굿거리 춤이라 한다. 최완자는 8세 때 교방청에 입적하여 가무를 배우다 13세 때 진연도감청(進宴都監廳)에 뽑혀 올라가 장악원(掌樂院)에 궁중가무를 익히고, 1910년 한일합방과 더불어 궁중여악이 해체되자 진주로 낙향하여 수많은 기예기생들을 키우는데 전념해왔다.[1] 최완자가 가르치던 대표적인 진주의 전통춤을 보면 진주검무, 진주포구락, 진주한량무, 의암별제가무등이 있다. 그때에 춤을 배우던 많은 제자들 중 한명이 김수악인 것이다. 거문고와 피리를 하던 아버지와 국악을 하던 명인인 숙부 아래에서 자란 김수악은 9세 때 진주권번에 입적하면서부터 본격적으로 춤을 배우기 시작했다. 춤의 기본은 권번 선생인 김옥민께 배우고 한성준에게는 승무를, 소고춤은 김녹주께, 그리고 12세에 최완자께 진주 검무, 굿거리 춤과 입춤을 물려받았다.

진주 교방굿거리춤은 최완자의 굿거리춤과 김녹주의 소고춤이 절묘하게 합쳐져

1) 김혜은 『진주교방굿거리 춤에 대한 연구』, 대한무용학회 제43호. 2005

오늘날의 춤사위로 성립되었는데 스승 최완자가 조선조 교방과 일제시대 권번을 매개로 하는 역할을 했다면 김수악은 일제시대의 권번과 권번해체 이후부터 현재에 이르기까지 진주 전통춤의 무대역할을 도모하는데 중추적 역할을 했다. 그러므로 진주 교방굿거리춤은 장구한 세월을 거쳐 전승된 교방 계통의 성격을 지닌 전통춤일 뿐만 아니라 1997년 경남 무형문화재 제21호로 김수악을 보유자로 지정하였으며 900여년이 지난 오늘날까지 문화재적인 놀이춤으로 계승되어오고 있다.

이 춤의 계보는 다음과 같다.

최순이 (최완자) 1892~1969
↓
김녹주 1902~1979
↓
김수악 (김순녀) 1924~현존보유자
↓
정예자 (정혜윤) 1941~보유자후보
↓
원미자 · 강미선 · 배주옥 · 이춘자 · 차명희 · 김경란 · 정주미 · 최윤실 · 박경랑 · 박시종 · 남선희 외 ~이수자

〈진주 교방굿거리 춤의 계보〉

2. 진주 교방굿거리의 특성

1) 춤사위 용어 및 동작

먼저 춤사위의 용어를 정리 하자면, '춤사위'이란 말은 '춤과 춤의 사이' 또는 '춤동작', '춤을 작위(作爲)한다.' '춤모양' 등의 여러 가지 뜻으로 쓰이는데 보편적으로 춤동작의 특징을 말할 때 쓰인다. '춤사위'는 일반적으로 옛날부터 이어온 전형화된 '춤사위'와 즉흥성이 강한 마임적 허튼춤의 '춤사위'로 구분할 수 있는데, 전형 화된 춤사위는 다시 예능인들이 추는 예술적인 것과 일반 서민들이 추는 허튼춤으로 구분된다.[2] 이미 정리가 되어 있는 춤용어 저서들을 보면 설명하는 명칭들이 다르다. 박금슬「춤동작」, 허순선「춤사위」, 정병호「춤사위」, 학위논문 중 이한순(2002)만 춤동작이라고 칭하였고, 최윤실(1997), 김유미(2003), 이말애(2006)은 춤사위라 칭하였다. 박금슬은 하체동작, 중체동작, 중. 하체동작, 전체동작으로 구분하였고, 허순선은 아래(밑)몸사위, 윗몸사위, 온몸사위로 나누었으며, 정병호는 팔동작 중심의 춤사위와 발동작중심의 춤사위로 동작 구별하였다.

다음은 진주 교방굿거리 춤의 중요한 춤사위 용어와 부연 설명이다.

＊ **상 체 사 위**

진주 교방굿거리「춤사위」	설 명
좌우 감는 사위	좌우로 얼러주는 동작이다.
한손 아랫사위	한 팔을 앞에 여미는 동작이다.
휘영청 감아올리기	오른손을 위로해서 손목과 팔을 동시에 정수리 위에서 돌린다.
한일자 사위	양팔을 옆으로 들고 무진, 무퇴하거나, 회전하는 동작이다.
회수무(아랫사위)	양손을 허리로 번갈아 가며 감아주는 동작이다. 교방춤에서 가장 많이 나오는 춤사위이다.
겨드랑 사위	양손을 겨드랑 사이에서 끌어올려 뒤집는다.
사선학채	새가 날개를 펴듯이 양팔을 사선으로 오른발을 디딘 다음 굴신하였다 일어선다.
연꽃사위	양팔을 위로 올려 접었다가 위로 펴서 꽃봉우리가 터지는 모양을 취하면서 내리는 동작이다.
짓는 사위	몸을 잦게 떨어 얼러주는 동작이다.

2) 이말애,「진주 교방굿거리 춤사위에 대한 고찰」, 명지대학교 사회교육대학원 연극영화 교육학 석사학위논문, 2006.

＊ 하 체 사 위

진주 교방굿거리「춤사위」	설 명
잉어걸음	잉어가 지느러미를 치며 노는 듯이 발디딤을 한 호흡에 멈추다가 세 번 연이어 걸어 간다. 박자에 맞게 춤을 추지 않고 박자사이로 교묘하게 동작을 엮어가는 기교를 뜻한다.
완자걸음	완자무늬 형식의 걸음걸이이다.
까치걸음	두발을 모아 종종걸음으로 한발을 먼저 떼어놓고 다른 한발을 먼저 뗀 발에 붙인 다음, 먼저 뗀 발을 다시 떼어 딛는 동작이다.
일자걸음	앞, 뒤로 일자형태로 걸어가는 발 디딤 사위이다.
잔걸음	종종걸음 형태의 발 디딤 사위이다.
돋음걸음	발 돋음하여 발가락으로 걷는 동작이다.

〈진주 교방굿거리춤의 구성〉

우리나라 춤은 궁중무용 정재무(呈才舞)인 경우 한자로 표기된 문헌「악학궤범」홀기(笏記)에 춤추는 기법이 수록되어 있으므로 어느 정도 옛것의 재현이 가능하지만, 민속무용인 경우는 보존을 위한 기록이 거의 안되어있는 형편이다.3)

우리나라 춤의 움직임을 분석해보면 주로 '손발을 같이 움직이는 동작', '어르는 동작', '도전과 회전', '휘젓기와 뿌림', '윤회무' 등으로 나타나는데 이러한 곡선적인 춤동작은 주로 '점과 선의 조화미', '동작의 여백미', '투박스러운 단순미', '독특한 곡선미' 등으로 노출된다.4)

이 춤의 대표적 특성은 다른 교방춤과 다르게 움츠러들어 추지 않는 '바로서려는 춤'이다. 궁중무희로 활동하던 최완자 선생의 굿거리춤이 김수악 선생에게 전해질 때 궁중무형태인 천, 지, 인, 합일의 바른 자세로 전해진 것으로 보인다. 그

3) 정병호 『한국춤』, 열화당, 1991,
4) 정병호 『한국춤』, 열화당, 1991.

렇다고 해서 이 춤이 궁중무처럼 보이지는 않는다.[5)]

이런 형태의 춤사위로는 '한일자사위'와 '사선학채'로서 이는 양팔을 사선으로 오른발을 딛은 다음 굴신하였다 일어서는 동작이다.

진주 교방굿거리 춤의 특징적인 춤사위로는 손목을 돌리는 동작으로, 이 동작의 춤사위는 '휘영청 감아 올리기'와 '겨드랑 사위'가 있다. 이 '휘영청 감아 올리기'는 정수리 위에서 한 팔을 돌리면서 반대 팔은 멈추고 있다가 다시 처음에 돌렸던 팔을 엇박자로 돌리는 동작을 말한다. 또 다른 춤사위로 '겨드랑사위'는 양 팔목을 돌리면서 겨드랑 사이에서 빼, 뻗는 동작은 소박한 기교로 진주 교방굿거리 춤의 빼 놓을 수 없는 독특한 춤 구조적 특징이라 하겠다.

발 디딤새보다 팔 사위가 두드러지는 진주 교방굿거리춤은 상체 중심으로 춤이 이루어져있음을 볼 수 있는데 이는 학체라 해서 두 팔을 위로 펼쳐서 멈추고 내렸다가 다시 위로 펼치는 동작이 많음을 볼 수 있다.

진주 교방굿거리춤의 발사위 중 '잉어걸음'과 '완자걸음'은 각각의 걸음이 아닌 동시에 이루어지는 박자와 박자사이에 연결동작이다. 발 디딤은 대체로 무겁고 끈끈하며 섬세하고, 대부분 엇박자에 발을 들어주는 것이 특징이다.

이 춤은 전체적으로 둥글고 부드러운 팔사위이지만 직선적이고 은근히 무거움도 있는 춤사위에 부드러움과 곡선미를 주었다. 그리고 손목 사위는 춤의 교태를 한층 더 흐르게 한다. 이처럼 발사위와 팔 사위, 그리고 손목사위가 합쳐져 몸 전체를 각각 움직이고 있으면서 하나의 우주를 형성해 그 기를 밖으로 표출하여 진주 교방굿거리 춤만의 아름답고 부드러운 특징적인춤사위를 가지게 된다.

진주 교방굿거리 춤사위는 비교적 담백하고 순수한 멋이 강조되며 엇박보다는 원박에 몸을 지석거리는 것을 알 수 있다. 동작이 외박인 경우 발이나 손짓으로 원박에 맞추어 추며, '암채·숫채가락'인 경우 강약이 분명한 동작을 한다. 그렇다고 하여 춤사위가 원박만 사용하는 것이 아니라 발 디딤새의 '잉어걸음' 같은 동

---

5) 김혜은, 「진주교방굿거리춤에 대한 연구」, 『대한무용학회지』 43호, 2005.

작에서는 원박과 엇박이 함께 존재하기도 한다.

호흡에 있어서도 한국 춤의 특징인 내면적인 감정을 밖으로 표출하는 춤으로 진주 교방굿거리 춤은 표현하고자 하는 동작과 감정에 따라 긴 숨이나, 짧은 숨, 그리고 들숨이나, 날숨 또는 멈춤을 조화로운 숨을 통하여 적절히 사용하여야 관객과 교감을 느낄 수 있지만, 올바른 호흡법으로 첫 박에 코를 통하여 몸 안으로 호흡을 들이마신 후 몸 밖으로의 표출을 한다. 이는 몸 안에서의 기운을 중단전까지 끌어올려 숨이 차서 가슴이 팽창하게 되면 내쉬는데, 내쉴 때 팽창했던 가슴이 줄어들면 힘이 배로 오게 된다, 그때 배를 편히 놓아 주면서 그 기운이 팔을 통하여 손가락 끝까지 표출하는 것이다. 이처럼 호흡을 얼마나 잘 토해내느냐에 따라 춤의 묘미를 나타낼 수 있을 정도로 진주 교방굿거리춤에서 호흡은 매우 중요한 요소이다.

진주의 춤 중에 중요무형문화재는 춤사위의 용어 정리가 체계적으로 자리를 잡은 것 같으나, 교방굿거리춤은 지방문화재로 지정된 지 얼마 되지 않은 상태라 빠른 용어 정리가 필요하다.

2) 장단 구성

우리 춤만이 가지고 있는 특성 중 하나가 맺고 푸는 형식으로 긴장과 이완이 적절히 배합되는 것을 들 수 있다. 이러한 장단을 먹어주는 대목은 긴장의 이완이거나 혹은 이완된 것을 맺어주는 긴 장단일 수도 있으며 이를 통하여 춤의 내용을 다른 의미로 전환시키는 역할을 하고 있다. 이처럼 춤의 특성을 뒷받침해주는 중요한 요소가 장단이다.[6]

김수악은 교방굿거리는 마음으로 볼 수 있는 춤, 그리고 이 춤에는 공력이 필요하다고 했다. 또한 은근하고 무겁게, 부드럽고 한국적인 한·흥·멋·태를 고루 맛

---

6) 김유미,「진주 교방굿거리 춤의 생성 기반과 특성에 관한 연구」, 숙명여자대학교 전통예술대학원 석사학위논문, 2003

볼 수 있는 즉, 속멋이 있는 춤이라 하였다.[7)]

그야말로 자기 멋대로 개성을 표현하며 흥의 절정이라는 멋스러운 의미를 가지고 있다.

이런 즉흥의 형태가 잘 나타나는 진주 교방굿거리춤의 장단은 크게 느린 굿거리 93장단과 자진 굿거리 72장단으로 나누어 자는데 3분박 4박자의 굿거리장단으로서 국악장단의 하나인 4박을 1장단으로 하는 3분박의 춤이다.

그 장단의 형식은 여성적이고 매우 정적인 기품과 교태스러움을 표현하는 느린 굿거리장단으로 시작하여 절정에 달하면서 흥겹고 동적인 무무(巫舞)성격의 자진 굿거리장단으로 넘어가고 다시 느린 굿거리장단으로 마무리 짓게 된다.

이 춤은 대체적으로 정박을 지켜가지만 우리 춤의 흥을 맛볼 수 있는 엇박을 타는데 독특한 매력이 돋보인다.

우리 춤의 또 다른 멋은 똑같은 춤을 추더라도 춤추는 사람이나 시간, 장소, 분위기 등 상황에 따라 다르게 추어지는 것이다. 이는 한국 춤의 특성인 즉흥성과 일회성적 요소로 생 음악 반주이어야 제 맛이 나고 악사와 춤꾼이 같이 무대위에서 반주하고 춤추며 주고받으면서 적절한 추임새가 곁들어 졌을 때 흥이 고조되는 것을 느끼게 된다.

진주 교방굿거리춤의 악기 편성은 북, 장고, 대금, 피리, 아쟁 등으로 되어 있으며 이와 더불어 구음이 수반되는데 구음이란 악보 격으로 그 소리를 입으로 내는 것으로 그 구음 자체만으로도 더할 나위없는 곡이 된다.

무거운 듯 가볍고 끊어지는 듯 연결되는 독특한 매력을 주는 보유자 김수악 선생의 창법으로 악보가 이루어져 내려오고 있다.

---

7) 김수악 2007년 8월 인터뷰

3) 의복과 무구

(1) 의복

진주 교방굿거리춤의 복식을 살펴보면, 남색치마에 남색끝동과 자주 깃 고름이 달린 미색 저고리를 기본적으로 입는다. 치마와 같은 색의 1.5m 길이의 끈을 가슴 왼쪽에 달고 춤을 추다가 자진 굿거리장단에서 끈을 허리에 묶고 춤을 춘다.

하지만 이러한 의복의 기본 원칙이 항상 지켜지는 것은 아니었고 무희의 나이, 참여하는게 되는 행사의 성격에 따라 의복과 노리개 수술의 색깔 등을 달리하고 있다. 깃과 고름에 금박수를 놓아 화려하게 입고 눈물 고름에 먹물로 그림을 그려넣고 고상함과 기품을 풍기며 양쪽버선코 끝에 빨간색실로 꽃수를 달아 신어 애교스럽게 보여 진다.

노리개는 주로 여자들의 저고리 고름이나 치마 허리띠에 차는 폐물로써 궁중이나 양반 계급 사회에서 많이 애용되어 왔던 것인데 여기(女妓)들은 논개의 얼을 기원하는 의암제 에서는 청·홍·황색의 구술이 달린 노리개를 달았다고 한다. 경축일에는 청실. 홍실이 달린 노리개를 달기도 했지만 현재는 자유롭게 사용하도록 하고 있다.

(2) 무구

진주 교방굿거리춤은 소품으로 소고를 사용한다. 소고에는 크게 네 종류가 있는데 큰 것을 버꾸, 법고라 하고 작은 것을 소고라고 한다. 큰 것은 장단을 내는데 사용하게 되고 작은 소고는 춤의 도구로 이용하게 되는데 이춤에서는 작은 소고를 사용하게 된다.[8] 큰 것은 크기가 북과 소고의 중간으로 많은 지역에서 사라져가고 있고, 중간 크기의 것은 일반적으로 요즘 많이 쓰이고 있는 소고이다. 이밖에 작대기가 달린 것도 있고 끈이 달린 소고가 있다. 현재 진주 교방굿거리 춤에서는 일반 소고를 사용하기도 하지만 공연으로 보여주기 위해 소고 태의 색 장

8) 최윤실『진주교방굿거리 춤의 특성 연구』, 중앙대학교 대학원, 1997,

식과 채에 술을 달아 사용한다.

소고의 규격을 보면 소고 직경이 19cm, 두께는 3cm, 손잡이 길이가 12cm 그리고 채의 길이는 소고의 직경과 같은 크기의 23cm이다.

진주 교방굿거리 춤에서는 전반부의 느린 굿거리와 대조적으로 후반부의 흥겨운 자진 굿거리장단에서 남색 띠를 허리에 묶고 소고를 이용하여 춤을 추는데 원래는 별개이던 소고를 함께 연결하게 된 것이라고 한다.

또는 옛날 기방에서 소고라는 도구가 없었고 공연무대가 아닌 좁은 기방에서 춤을 추었기 때문에 접시 두개를 들고 소리를 내거나 밥공기 뚜껑을 젓가락으로 두드리면서 흥을 돋우는데 그것이 소고춤의 근원이 되었다고 한다.

3. 진주 교방굿거리춤의 조망

1) 지리적 맥락

진주는 유서 깊은 전통 도시로서 서남부(西南部)의 중심도시에 자리 잡고 있다.

위국충절과 예술문화의 터전으로 예로부터 민족문화정신의 진원지라 할 만큼 천년 고도의 역사를 간직한 충절과 교육·문화·예술의 고장으로 이름나 있는 아름다운 고장이다.

이곳은 덕유산(德裕山) 육십령(六十嶺)고개와 지리산(智異山) 천왕봉의 영천(靈泉)이 모여 남강(南江)을 이룬 고을(남가람 굽이쳐 바다로 뻗고 이끼 남동부 지역으로 남해고속도로가 낀 성 돌마다 겨레의 얼 드높다)로 경남의 심장부이자 남으로 사천시, 북으로는 거창, 김천으로 연결되어 있어 바다와 육로를 연결시킬 수 있는 교통적 요충지에 위치하고 있다. 뿐만 아니라 경전선이 시의 남부를 지나며 남동부 지역으로 남해 고속 도로가 지난다.

중심 시가지에서 방사선으로 하동·창원·산청·합천·고성·거창 등을 잇는 국도가 사방으로 뻗어있다. 영남과 호남을 연결하는 경전선 철도와 남해안 고속도로가 동서로, 대전·진주·통영을 연결하는 대전~통영간 고속국도가 남북으로 연결되어 문화교류의 교량역할을 하고 있다.

2) 놀이적 축제

우리민족은 각지방에 따라 지역의 특색을 지닌 축제와 놀이적 성향을 갖는다.

우리춤은 자연 발생적으로 생성되고 서민들 사이에 형성된 춤이 민속춤이다. 이 민속춤은 시간의 흐름 속에서 전통의 가치를 지니게 되고 계승되어 오늘날 예술적 궤도에 올라 전통무용으로서 가치를 갖게 된다. 축제(祝祭)란 모든 예술이 미분화 상태로 엮어져 있는 종합예술의 성격을 지닌것 이지만 축제의 원 의미 속에는 종교성이 내포된다. 그리고 축제는 예술적 요소가 포함된 제의를 일컫는 사전적 의미도 있으나 축제를 떠올릴 때 우리는 흔히 놀이를 연상하며 여러 사람이 어울려 공동으로 노는 놀이를 축제라고 생각하는 우리 식의 개념을 형성해왔다. 축제는 지역별로 이루어져 그 지역의 특성이 가장 뚜렷이 나타나는 문화적 행사이다. 그 예로 진주시가 교육과 문화의 도시로 선정된 이후 슬로건에 알맞은 문화행사가 필요했을 뿐더러 도시적인 축제를 통해 지역민을 단합하고 화합의 장을 열수 있을만한 축제가 필요했던 시기에 개천예술제라는 이름으로 축제를 개최하였다. 이 개천예술제는 진주성과 촉석루를 배경으로 진주성 싸움을 재현하던 것인데 진주만이 가질 수 있는 소재로 그 지역만의 독특한 축제가 될 수 있다.

개천 예술제는 1949년 7월 22일 대한민국 정부수립의 초기에 예술의 향불을 올리는데 뜻을 같이 했던 기성문화단체들이 모여서 문총진주지국 특별지구를 결성하고 서부경남 전역의 문화 예술 활동을 이끌어 나아가기로 하고 독립정부가 수립된 역사적 사실을 기념하는 뜻으로 개천절에 즈음하여 예술을 제단에 바치는 예술제를 열기로 결정했다. 제1회에는 영남예술제로 개최되어, 향토문화 향상을 촉구하여 전국에 유사행사를 유발시켜 한국을 예술의 나라로 만드는 한편, 점진적 발전을 통해 위대한 문화사를 창조한다는 목적으로 시작했다. 1959년 10회 행사때는 영남예술제에서 개천예술제로 그 명칭을 바꿔 명실공히 전국 적인 예술제로 발돋움하게 되었다. 점차적으로 예술제의 규모가 커지자 윤보선, 박정희 당시 대통령도 12회 때부터 20회(1969년)까지 빠짐없이 참가한 것을 보면 가히 그 규모를 짐작 할 수 있다.[9] 1983년 33회에는 경상남도의 종합예술제로 지정되어 현재까지 종합축제로서 면모를 갖추고 있다.

개천예술제뿐만 아니라 논개제도 어느 지역에서도 흉내낼 수 없는 소재를 가지고 있다. 임진왜란이 일어난 이듬해인 1593년 6월(음력) 진주성 함락 직후 촉석루 아래 바위 의암(義巖) 위에서 왜장(倭將)을 끌어안고 남강에 뛰어 들어 함께 죽은 의기(義妓) 논개(論介)를 추모하는 '의암별제(義巖別祭)'가 일제 때 중단 되었다가 1992년에 100년만에 재현시켜 지금은 논개제로 이 지역만의 전통무형예술 행사가 되었다. 진주의 뜻 있는 문화예술인들은 지역의 훌륭한 전통예술을 기반으로 임진왜란 3대첩 중 하나인 진주성 전투에서 항거하다 순국한 논개를 비롯한 7만 민(民). 관 (官). 군(軍)의 호국 충절과 진주정신을 계승하고, 또한 시민들이 동참할 수 있는 전통예술축제를 창제하기로 하고 그 동안 별개의 행사로 각각 진행되어오던 '의암별제'와 '진주탈춤한마당'을 주축으로 하는 진주논개제를 만들었다. 진주논개제는 매년 5월 넷째주 금, 토, 일 3일간에 걸쳐서 호국충절의 성지 진주성에서 개최되며, 1868년 당시 진주목사 정현석이 창제한 것으로서 재향에 악. 가. 무가 포함되고 여성들만이 제관이 될 수 있는 독특한 형식의 제례인 '의암별제'를 서막으로 '진주오광대'를 비롯한 민속예술과 진주기생들이 남긴 고방문화의 아름다움을 느낄 수 있고 탈춤과 대동놀이로 하나된 신명을 만드는 축제로 지역적인 특색이 잘 드러나 있다.

이러한 지역의 작은 축제로 시작하여 그 축제로 인해 새로운 예술을 추구할 수 있고 창조의 기회가 생김으로써 지역예술의 활성화가 되고, 그 예술이 지역의 발

---

9) 『신 경남일보』 1990년 11.2일자

전계기가 될 수도 있다. 더 나아가서 그 예술 문화가 전통문화의 축제가 되어 세계적인 축제로서 발전 할 수 있는 가능성도 있다. 이처럼 그 지역의 특성이 가장 뚜렷이 나타나는 문화적 행사 또한 전통으로서 큰 가치를 갖게 된다.

3) 예술적 맥락

우리 민족은 예로부터 자연과 더불어 자연의 일부분으로 우리의 문화를 이루어왔고, 그 속에서 생활자체와 모든 움직임을 자연에 순응하며 하나의 연결 고리를 만들어왔다.

동양에서는 인간을 비롯한 모든 만물까지도 그 속에 생명성이 있다고 보아 소중히 하였고, 범하지 않는 것이 예요, 인(仁)이었다. 이는 모든 자연물에 정령이 깃들여 있고 바로 그 정령의 힘 때문에 생성이 가능하다고 믿는 영혼숭배신앙에 그 뿌리를 두고 있다.

춤은 자연의 조화를 그대로 받아들여 자연이 만들어낸 것 같은 조화와 균형을 탄생시키는 것이며, 그런 오묘하고 불가사의한 조화의 상태나 효과가 춤사위의 멋으로 나타난다.

또한 우리 고유의 전통춤은 마음과 정신 속에서 나타내고자하는 자연스러움과 부드러움의 느낌을 그대로 받을 수 있다. 무기교적인 기교로 자연성을 지닌 움직임은 한국 예술인들이 지향하는 궁극적인 미의 세계라 할 수 있다. 이것은 자연의 조화를 그대로 받아들여 자연이 만들어 낸 것 같은 조화와 균형을 탄생시키는 것이다. 즉 진주 교방 굿거리 춤은 차분하면서 끈끈하여 섬세하면서 애절한 무태를 지닌 정. 중. 동의 신비롭고 환상적인 분위기를 자아내어 무아지경에 이르게 하는 자연의 자태를 지닌 조화로움을 지닌 춤이다.

이는 춤사위에서도 넘치지않는, 마음에서 일어나는 감정의 흐름대로 저절로 우러나오는 자연의 법칙처럼 춤 속에도 보이지 않는 형식이 있는 것이다. 진주 교방 굿거리 춤은 자연합일을 인위적으로 꾸며서 추는 것이 아니라 즉흥적으로 추기 때문에 동작이 복잡하지 않으며, 장단과 장단 사이를 자유롭게 넘나들어 마음과 감정에서 표현하고자 하는 자연스러운 몸짓이 그대로 베어 나온다. 그리고 각 움직임은 독자적 가치를 지니고 있지만, 단일한 가치로 나타나지 않고 혼용되어 복합적으로 나타남을 알 수 있다.

또한 고요함 속에만 절제하는 것이 아니라 힘차고 강한 움직임 속에서도 항상 절제를 하는 그것은 완전한 분출이 아닌 은근한 남김의 여운을 준다. 이는 밖으로 보여지는 춤동작 보다 오히려 절제하여 버리지 않는 것이 이 춤의 특징으로 더욱 강한 힘을 부여해 주고 있음을 알 수 있다. 즉 춤사위는 동(動)적인 움직임 속에 가지고 정(靜)으로서 움직임을 예시하는 동시에 정(靜) 속에 긴장 되거나 위로 상승하려는 동(動)적인 요소가 존재하는데 그것이 진주 교방 굿거리춤 정·중·동의 묘미인 것이다. 이처럼 정·중·동은 진주 교방굿거리 춤에서만 나타나지 않고 모든 한국 춤의 특징으로 나타나며 특히 한국 춤의 춤사위에서 미적 요소로 작용하고 있으며 복합적인 움직임은 고요함 속에 담겨 있는 동적 역동성으로 한국 춤의 특징을 단적으로 보여주는 표현형식이다.

※ 부록 〈춤사위 용어별 비교〉

＊ 상 체 사 위

진주 교방굿거리 「춤사위」	박금슬 「춤동작」	허순선 「춤사위」	정병호 「무용고」
좌우감는사위	좌우 수선거	팔뻗음사위－팔옆사	평사위
한손 아랫사위	암체	팔내림사위－홀팔내림	팔내리는 사위
휘영청 감아올리기	퇴머리사위	멍석말이사위	공그리는 사위
한일자 사위	으름	팔돎사위－팔잔돎사위	
		뿌림사위	뿌리는 사위
회수무(아랫사위)		씨사위－엇인	
겨드랑 사위			
사선학채	활체	팔 뻗음사위－팔엇사위	학채
	건드리체	어름사위	어르는 사위
연꽃사위	팔수		
짓는 사위	건드리체	팔건들이사위	

＊ 하 체 사 위

진주 교방굿거리 「춤사위」	박금술 「춤동작」	허순선 「춤사위」	정병호 「무용고」
잉어걸음		잉어걸음	잉어걸음
완자걸음		완자걸음	완자걸음
까치걸음	까치체	까치걸음사위	까치걸음(자진걸음)
일자걸음	드딤세(딛음세)	디딤걸음사위	비정비팔
잔걸음		종종걸음사위	까치걸음(자진걸음)
돋음걸음	장전 도듬세	돋음걸음사위	발끝으로 딛는사위

참고문헌

박금슬, 『춤동작』, 일지사, 1982

정병호, 『한국춤』, 열화당, 1991

최상수, 『한국의 의식주와 民具의 연구』, 성문각, 1997

허순선, 『한국의 춤사위와 무보틀』, 형설출판사, 2005

김유미, 「진주 교방굿거리 춤의 생성 기반과 특성에 관한 연구」, 숙명여자대학교 전통예술대학원 석사학위논문, 2003

안제문, 「박금슬과 그의 춤동작 연구」, 중앙대학교 대학원 석사학위논문, 1998

이말애, 「진주 교방굿거리 춤사위에 대한 고찰」, 명지대학교 사회교육대학원 연극영화교육학 석사학위논문, 2006

이한순, 「진주 교방춤의 미적 특질연구」, 부산대학교 대학원 석사학위논문, 2002

최윤실, 「진주 교방굿거리 춤의 특성 연구」, 중앙대학교 대학원 석사학위논문, 1997

허순선, 「韓國춤의 새로운 舞譜틀 硏究」, 전남대학교 대학원 박사학위논문, 2004

김혜은, 「진주교방굿거리춤에 대한 연구」, 『대한무용학회지』 43, 2005

신 경남일보, 90년 11월 2일자.

동해안별신굿

1. 동해안별신굿의 개요

제사는 만물의 영장인 사람만이 지내는 것으로 인류 역사상 가장 오래 지속되고 이어지고 있는 의식문화라고 할 수 있다. 제사는 자연에 대한 경외심(敬畏心)과 조상에 대한 보본(報本)의 정성으로 시행 된 것이기도 했지만 한편으로 행례과정에서의 경건함을 통해 군신간의 질서가 강조되고 신인(神人)사이의 교접을 통해 만민간의 화합을 이루는 효용이 있었다. 그렇기 때문에 동서고금의 어느 사회에서나 행해져 왔고 원시적인 미개사회에서는 현대문명사회에서나 형태만 다를 뿐 지속적으로 행해지고 있다. 우리 문화사상의 대부분은 제례의식의 영향을 받아 변화하고 발전되어 진 것이 많으며, 국악·미술·건축·무용·연극·복식 등 여러 문화예술분야가 제례의식의 영향을 받았다고 해도 과언이 아니다. 굿은 직접적인 영향으로 사회적·역사적·지리적·문화적 상황에 따라 끊임없이 변화되고 있고 사회구성원들의 필요에 따라 동시대의 상황에 적합하게 재창조되며 오랜 역사를 거치면서 구복제액(求福除厄)을 바라는 민중들의 염원을 담은 제의형식이 토속신앙의 양상으로 그 명맥을 이어왔다. 현실의 삶에서 겪는 크고 작은 고난을 타파하고 안녕과 풍요를 기원하는 민중들이, 그들이 살고 있는 지역적 특성에 따라 다양한 모습으로 신앙체계를 이루어 온 것이다. 같은 성격의 굿이라도, 그것이 행해지는 지역적 특성에 따라 제의의 절차와 내용은 조금씩 다르다.

경상도 동해안 지역은 서해안이나 남해안과는 달리 수심이 깊고 밀물과 썰물의 차이가 극히 적으며, 난류가 흘러 겨울에도 따뜻한 자연환경을 갖고 있다. 해안을 끼고 있는 동해안 지역은 마을이 바다와 인접해 있기 때문에 어업에 종사하는 가구수가 농업 인구의 1/3이나 그 이상이며, 어민들은 모준배(6·7명이 타는 잠수선), 호망배(4·5이 타는 漁網배), 전마선(미역 등을 채취하는 어선), 머구리배(8·7명이 타는 잠수선)로 오징어·방어·도미·명태·광어·우럭 등과 미역·우무가사리, 돌김 등 해초류 채취를 주산업으로 하며, 집성촌(集成村) 한 성씨(姓氏)가 주를 이루거나 또는 이성씨(二姓氏)가 모인 집성촌이 많고, 마을조직으로는 어촌계가 발달해 있다.[1] 또한 이들 지역은 주산업이 어업인 만큼 고기잡이 중에 폭우나 해일로 인한 인명사고가 많고, 이 때문에 남편이 없는 가정이 많은 것 또한 특징이다. 이러한 조건 때문에 마을마다 3년·5년·7년·10년 단위로 별신굿이 곳곳에서 행해지고 있고, 마을에 따라서는 1년에 몇 번씩 동제(洞祭)를 지내기도 하며, 또 대부분의 마을에서는 당집을 매우 소중하게 여기는 문화가 발달해 있다.[2] 이와 같이 동해안 별신굿의 일차적인 목적은 마을의 수호신에 대한 감사의 의례이자, 살아있는 사람들의 안녕과 복락을 구하고 재난을 예방하거나 물리치려는 의도에서 행해졌던 것이다. 그리고 여기에 자신들의 생활 속에서 일어나는 제반 문제들을 받아들이고 해결하는 마을의 축제라는 의미가 덧보태졌기 때문에 오늘날에도 끊임없이 이어지고 있다는 점이다. 그러므로 동해안 별신굿에는 동해안을 삶의 터전으로 삼아 살아온 사람들의 삶의 모습과 경험들이 잘 반영되어 있다. 이런 점에서 별신굿은 동해안 지역의 삶의 모습과 정신세계를 알려주는 중요한 자료이다.[3] 또한 문화적인 측면에서 전통문화를 전승 매개하는 중요무형문화재 제82-가호로 지정된 과거와 현재의 가치관을 연결할 수 있는 소중한 문화유산인

---

1) 『한국민속종합조사보고서(경상남도 篇)』, 문화공보부 문화재관리국, 1972.
『한국민속종합조사보고서(경상북도 篇)』, 문화공보부 문화재관리국, 1974.

2) 장휘주, 「경남·경북 동해안 무가(巫歌) 비교연구」, 서울대학교박사학위논문, 2002, 12쪽 참조.

3) 박숙진, 「동해안별신굿에 의례의 사회적 기능에 관한 연구」, 동아대학교석사학위논문, 2006.

것이다.

특히 동해안 별신굿은 전통 깊은 종합 예술적 성격을 지닌 종교의식으로 한국 무속사상의 큰 성과이자, 한국문화의 보편성과 특수성을 규명하는 하나의 단초를 제공하는 관심의 대상이 되고 있다. 이굿을 이끌어 가는 주된 공연형태인 무가(巫歌)와 무무(巫舞)는 수십종의 장단으로 연행되어지며, 곤반과 탈놀이·주술과 신내림·축원·놀음굿과 함께 주된 공연요소이다.

(1) 동해안 별신굿의 대표거리

㉠ 부정굿 - 부정은 깨끗하지 못하다는 의미이며, 굿을 시작함에 앞서 부정의 생각이 있거나 무명의 잡귀가 있으면 이를 안정시켜 부정을 제거하는 굿거리를 말한다. 본 굿에 들어가기 전 굿당의 제단을 정화하는 서제로써 물바가지를 들고 신칼로 물을 찍어 칼끝이 밖으로 나갈 때까지 뿌리고 짚단에 불을 붙여서[4] 제단 앞을 휘둘러 부정을 없애 달라고 비는 굿

㉡ 골매기굿(청좌굿) - 마을 당신(堂神)인 골메기신을 굿당에 청배하여 맞이하는 굿거리이며 이 굿거리는 '부정굿'과 함께 별신굿의 시작부분에 해당한다. 전체 청신(請神), 오신(娛神), 송신(送神)의 구분으로 서사무가를 축약한 구송과 축원들의 교술무가 뒤섞여서 이루어졌다.[5] 동해안별신굿에서는 무당이 직접 신대를 잡지 않고 마을사람 가운데 신이 잘 내리는 사람이 서낭대를 잡게한 후, 무당들은 간절히 축원하고 그 말이 신의(神意)에 맞으면 서낭대가 흔들린다. 잽이들의 장단에 맞추어 무무(巫舞)·무가(巫歌)를 한다. 이때 마을의 부락신을 위주로 하는 춤을 추며 무속의 예능 오락적인 기능이 가장 세속화 된 모습이다.[6]

㉢ 일월맞이굿 - 친지신명에게 별신굿의 거행을 고하는 의식이다. 무녀(巫女)

4) 강정식, 『동해안 별신굿의 공연공간에 대한 연구』, 중앙대학교석사학위논문, 2006.

5) 강정식, 전게서.

6) 강정식, 전게서.

가 사방에 절을 한 다음, 징을 갖고 독경을 하고 청배 무가를 부른다. 무가(巫歌)는 먼저 해마다 올리는 별신굿임을 알린다. 어업을 하는 분네들이나 농사를 짓는 분네들의 소원대로 재수 줄 것을 축원한다. 축원을 끝낸 다음, 잠시 풍악에 맞춰 춤을 추고, 풍악이 멈추면 제단을 향하여 두 번 절을 하고나서 책상다리를 하고 앉아 부채로 얼굴을 가리고 조는 시늉을 한다. 그러다가 기지개를 켜고 하품을 하며 눈을 뜨고 옆구리, 엉덩이, 가슴 등을 긁고 이를 잡아서 먹는 시늉을 하고 물을 퍼서 양치질을 하고 세수하고 노승의 흉내를 낸다. 다음에는 활옷 띠를 풀어 발에 걸고 짚신 삼는 시늉을 하다가 다시 일어나서 풍악에 맞추어 바라춤을 춘다. 일월맞이 굿을 일명 세존굿(시준굿) 혹은 중굿이라고도 하는데, 일신(日神)·월신(月神)·세존은 모두 천상에서 내려온 신이기 때문이라고 한다. 그러나 나중에 화해굿 다음에 따로 세존굿이 있어, 이 두 굿이 분리되기도 하는 것을 보여준다. 이어서 두 남무(男巫)가 얼사촌으로 등장하여 도둑잡기 놀이를 하는데, 이것은 마을에 도둑이 생기는 것을 막기 위해서 노는 것이라 한다.[7)]

㉣ 문굿(문당굿) - 굿청의 문을 여는 의식으로 무녀(巫女)와 양중들이 모두 나와서 대열을 지어 돌기도 하고 마주 보고 춤을 추기도 하면서 흥겨운 분위기를 연출한다. 무집단은 이것을 자신들의 기예를 뽐낼 수 있는 기회로 인식하기도 하고 실제 그렇게 활용하기도 한다. 그러나 본래적으로는 이렇게 문을 활짝 엶으로써 신들을 인간세계로 영접한다는 상징적 의미를 가지는 것을 이해한다. 천상의 문을 열게하는 조화로운 군무와 남녀의 상대무가 돋보인다.[8)]

㉤ 세존굿 - 세존은 석가세존 곧, 석가모니를 가리킨다. 그러나 실제로 이 무가(巫歌)는 석가모니신을 위한 무가(巫歌)는 아니다. 여기서 구연된 세존굿

---

7) 오선희, 전게서.

8) 박경신·장휘주, 『동해안별신굿』, 화산문화, 2002, 10쪽 참조.

은 집안의 살림과 자손들의 번창을 축원하는 뜻에서 행한다. 첫째, 평복에 쾌자를 입고 추는 장면과 둘째, 활옷을 입고 중춤을 추는 장면, 셋째, 앉아서 몸짓만을 하는 장면, 넷째, 바라춤 장면 등으로 그 형태가 가장 다양한 거리리고 특징이 있다.[9] 특히 당금애기 설화[10]를 구송한 후에 '중도독잡이 놀이'를 하는 부분은 당금애기 설화를 연기적으로 표현한 것으로 연희성·세속성이 강하게 드러나는 코메디라고 볼 수 있다.[11]

ⓑ 장수굿(장군당굿) - 군주나 장군을 위한 굿

ⓢ 성조굿 - 성주신이 집을 짓고 집을 꾸미는 내력을 중심으로 하여 마을 전체와 각 개인들에 대한 축원들을 수시로 삽입하며 무가(巫歌)를 구연하는 제당 성조를 위한 굿이다.[12] 무가(巫歌)는 성조풀이인데, 솜씨를 뿌려 나무를 키우고 베어다가 대목 집짓기와 온갖 세간 마련하기 등 갖은 치장을 다하여 집 꾸미는 것이 그 내용이다. 다른 거리와 달리 성조굿에만 무당이 갓을 쓰고 굿을 진행한다. 이는 여자가 갓을 쓰면 집안이 평안하다는 속설(俗說)에서 연유되었다고 한다.[13]

ⓞ 조상굿 - 여러 조상신을 위한 굿으로 그 해의 소원성취를 기원하는 송신 하는 굿거리의 일반적 진행구조를 따르는[14] 굿이다. 무녀(巫女)는 굿을 진행하다가 마지막에는 살풀이 춤을 춘다. 이 춤은 호남형의 살풀이와는 다른 개성

9) 오선희, 전게서.

10) 당금애기는 제석굿에서 불려지는 서사무가이다. 이는 무속신앙의 시작에서 보면 초월성과 신성성을 갖는 무교경전의 하나이면서 바로 무신의 이름이고 문학으로 본다면 신화요, 주인공이다. 기본적인 내용은 당금애기가 홀로 집을 지키다가 찾아 온 중과 접촉을 한 뒤 아기는 잉태되고 중을 찾아 나서게 되고 아들 3형제를 얻는다. 뒤에 당금애기는 산신이 되고 아들 3형제는 제석신이 된다. 이를 삼불제석이라고 한다(김진영·김준기·홍태한 저, 『서사무가 당금애기전집』1, 민속원, 1999, 24~41쪽 참조).

11) 강정식, 전게서.

12) 강정식, 전게서.

13) 오선희, 전게서.

14) 강정식, 전게서.

을 지니고 있는데 호남형의 살풀이는 멋과 한이 진하게 노출되는데 비해 차분하고 담백한 색깔로 안으로 지긋이 눌러 감추는 듯한 소박함이 담겨져 있다.[15)]

ⓩ 천왕굿 - 동해안 별신굿에서의 천왕은 '성황(城隍)'의 외음으로 이해되며 동서남북의 사천왕이 문을 연다는 굿거리이다. 그 고을 사또의 넋을 모셔주기 위해 행해지는 재차로서 고을의 사또가 부락의 각 관리들을 점고하는 내용을 익살스럽게 연극적으로 꾸몄고[16)], 천왕대를 잡고 진행하며 마을의 안녕을 비는 굿이다.

ⓩ 심청굿 - 심청굿은 판소리 심청가의 내용이 무가(巫歌)의 사설 속에 그대로 들어있는 거리이다. 이 굿거리는 무당들 중에 가장 관객을 잘 끌어들이는 즉 능력이 탁월한 무당인 김동언이 주무를 맡았는데 심청에 대한 기본적인 이야기를 판소리 형식으로 풀어나가는 형식을 가지고 있었다. 심청의 친모의 죽음 장면에서는 눈물까지 흘리는 열연을 보여주면서 관객들을 압도해 나간다. 서사적인 내용의 앞뒤에 덧붙여진 설명에 따르면 마을 사람들의 안질(眼疾)을 막고 눈을 밝게 하여 주기 위해 이 거리를 구연한다고 한다. 이 거리에는 춤은 없다.

ⓚ 손님굿 - 손님을 위한 굿으로 손님이란 천연두신을 높여서 일컫는 말이다. 마마손님 혹은 마마라고 부르기도 하였다. 우두법이 일반화되기 전에는 천연두가 가장 무서운 전염병 가운데 하나였기 때문에 이런 이름이 붙게 된 것이다. 무속의 신은 도덕적이나 윤리적 선악의 개념과 관계없이 신으로 모셔지는 경우가 있는데, 손님신의 경우도 그렇다고 할 수 있다. 인간에게 존경받을 만한 일을 해서 신으로 모셔진 것이 아니라, 인간에게 너무 위협적인 존재이기 때문에 그 화를 면하기 위해 인간들이 두려워하면서 신으로

15) 오선희, 전게서.
16) 오선희, 전게서.

모심으로 신을 좌정하게 된 것이다. '마마배송굿' 혹은 '별상굿'이라고도 불리며 손님거리는 '손님풀이'라는 서사무가를 중심으로 진행된다. 하지만 요즘은 그 천연두에 대한 두려움이 많이 줄어들어 점차 사라질 굿거리로 볼 수 있을 것이다.

ⓔ 용왕굿 - 용왕신을 위한 거리로 전통적으로 용왕은 수신으로 인식하여 왔기 때문에 바닷가에서는 가장 중요하게 여기는 신이 바로 이 용왕신이다. 특히 동해안 별신굿의 경우에는 이 거리가 가장 중요한 거리라고 하여도 지나친 말이 아니다. 마을 사람들은 각자 집에서 용왕상이라는 상을 따로 준비하여 와서 바닷가에다 죽 늘어놓고 가정과 가족의 안녕과 평화를 빈다. 무녀(巫女)는 통상의 축원 이외에 마을의 배나 선주, 선원, 해녀, 양식업자 등의 이름을 하나씩 부르면서 축원을 하는 경우가 많다. 가장 인기가 있고 돈의 씀씀이도 커서 축원에 능숙한 무녀(巫女)가 이 거리를 맞는 경우가 많다. 춤사위는 방울을 흔들면서 제상을 돌거나 부채사위를 주로 행한다.

ⓕ 거리굿 - 마지막 거리로 각 거리에서 청배한 신들을 따라온 나머지 귀신들을 먹여 보내는 굿거리로 춤은 각 귀신들을 흉내 내며 무가(巫歌)를 가창한다. 보통 굿거리에서 여자 무당이 주무를 맡는 것과는 달리 거리굿의 경우는 유일하게 남자 무당이 주무를 맡는다. 모든 잡귀·집신들을 한꺼번에 풀어먹이고 위로한다는 제의적 의미를 가지기는 하지만, 구체적인 극의 내용은 일상생활 주변에서 일어나는 여러 가지 일들을 과장적으로 표현해서 상당히 코믹하게 이야기를 구성하고 노골적인 성적 표현들도 많이 보여 관객들의 웃음을 유발하는 희극이다.

2. 동해안 별신굿의 전승형태

동해안에는 오늘날에도 정기적으로 마을 단위의 굿을 하는 마을들이 상당수 남아있다. 그만큼 동해안 별신굿은 현재에도 생명력을 가지고, 살아 숨쉬는 문화 현상인 것이다. 1978년에 나온 최길성 교수의 『한국무속의 연구』에 의하면 150여 개의 마을에서 이 별신굿을 행하고 있는 것으로 보고 되어있다.[17] 1987년 울산대학교 국어국문학에서 조사 했을 때에는 굿을 하는 마을이 78개 남아 있는 것으로 조사되었다. 10년 사이에 굿을 하는 마을의 숫자가 반으로 줄어든 것이다. 그러나 반으로 줄어들고 나서 남은 숫자도 그다지 작은 것은 아니라는 것을 알 수 있다. 1987년의 조사 후에도 굿을 중단한 마을들이 더러 있기 때문에 현재도 굿을 계속하고 있는 마을의 숫자는 이에도 훨씬 못 미칠 것은 틀림없다. 그러나 아직도 동해안에는 이 별신굿을 하는 마을 들이 상당수 남아 있다. 동해안 별신굿은 동해안의 어촌마을에서 자신들 마을의 수호신을 모시고, 마을의 평화와 안녕, 풍요와 다산을 빌기 위해 무당들을 청해다가 벌이는 대규모 굿이다. 동해안이나 경상도 지방에서는 이 마을 수호신을 '골맥이' 혹은 '골맥이신' 이라고 한다. 그래서 남신(男神)의 경우에는 '골맥이 할배', 여신(女神)의 경우에는 '골맥이 할매'라고 부르는 것이다. 아주 특별한 경우를 제외하고는 이 골맥이신은 늙은 할아버지나 할머니로 인식되고 있는데, 이것은 예전에는 정보의 양이 적고, 그 유통도 활발하지 못했기 때문에 연령이 곧 지혜나 경륜·권위 등으로 바로 연결되었기 때문이다. 별신굿은 일차적으로는 이 '골맥이 할배', '골맥이 할매'를 위한 신성한 제의라고 할 수 있다. 오늘날 동해안 어촌마을에서 행해지는 골맥이신을 위한 이 마을제의는 마을 신당(神堂)에서 남자 제곤들을 중심으로 거행하는 유교식 제의와 마을 앞의 모래밭이나 공터 등에서 무당이 중심이 되어 벌이는 굿으로 양분화된 형태를 취하는 마을들이 많다. 그러나 어디까지나 이 제의의 중심에 놓이는 것이 무당굿이 되기 때문에 동해안별신굿이라고 부르는 것이다. 이렇게 무당굿이 이 제의의 중심에 놓이게 된 것은 본래 형태가 그랬기 때문일 것이다. 유

17) 최길성, 『한국무속의 연구』, 아세아문화사, 1978, 312~316쪽 참조.

교식 제의와 무당굿으로 양분화한 것은 유교의 유입 후에 나타난 변화로 이해되기 때문이다. 이 동해안 별신굿은 마을에 따라 2년 내지 10년을 주기로 한 번씩 정기적으로 행한다. 한번에 3~4일 정도로 끝내는 마을들이 대부분이지만, 드물게는 열흘씩 굿을 하는 마을도 있다. 굿을 하는 주기가 짧은 마을에서는 한 번의 굿에 소요되는 기간이 짧고, 주기가 긴 마을에서는 한 번의 굿에 소요되는 기간이 긴 것이 일반적이다.[18]

동해안별신굿을 진행하는 무당들은 세습무들이고, 따라서 이들은 세습무로서의 특성을 가지고 있다.[19] 동해안 굿에서는 기본적으로 부부가 함께 참여해서, 아내인 무녀(巫女)는 굿을 하고 남편인 양중[20]은 악기반주를 한다. 그래서 굿을 하러 갈 때에는 별 수 없이 아이를 굿판에 데려가 부부가 굿을 하는 동안 옆에서 혼자 놀게 할 수 밖에 없다. 아이는 아버지와 어머니가 굿을 하는 광경을 지켜보면서 굿의 절차와 춤사위, 무가(巫歌)의 사설과 가락을 듣는 과정이 반복되면서 자연스럽게 무당으로 정식 데뷔하는 결과가 되는 것이다.[21] 이렇게 대물림하는 무당이기 때문에 그들의 굿은 대대로 내려오는 절차나 사설에 다음 세대가 새로운 부분이나 내용을 첨가하고 가다듬어서 점점 더 높은 예술성을 확보 하게 된다. 예술사적 측면에서 강신무의 굿보다 세습무의 굿이 더욱 주목의 대상이 되는 것은 바로 이 때문이다.[22]

동해안에 현존하는 세습무 집단을 크게 두 무계로 분류한 윤동환의 논의[23]와 세

---

18) 박경신·장휘주, 전게서, 13~14쪽 참조.

19) 세습무는 글자 그대로 대(代)물림하는 무당이다. 무당집에서 태어나 어려서부터 집안 어른들을 따라 다니며서 굿을 배우고 익혀 무당이 된다. 다른 세습무 집단에서 배우자를 구하고, 그 사이에서 딸이 나면 무녀(巫女)가 되고 아들이 나면 잽이가 되는 과정을 반복하면서 그 업(業)을 세습해 온다.

20) 동해안 세습무 집단에서 자신들 집단의 남자들을 부르는 용어이다. 잽이라고도 한다.

21) 김동언 증언(1차 인터뷰, 2007년 8월 7일 동해안별신굿보존회 현장).

22) 박경신·장휘주, 전게서, 28~29쪽 참조.

23) 김해(金海) 김씨(金氏)집안인 김석출(金石出)의 무가(巫歌), 은진(恩津) 송씨(宋氏)인 송동숙(宋東淑)의 무가(巫歌)의 아랫대를 일컫는다.

무계로 분류 조연남 논의[24]가 있으며 본고에서는 전체 동해안 무(巫)분포도와 함께 중요무형문화재로 지정되어 있는 김석출무계도[25]를 김석출의 둘째 딸이자 전수조교인 김동언의 인터뷰를 통해서 재정리하여 <그림1> 과 <그림2>와 같이 제시한다.

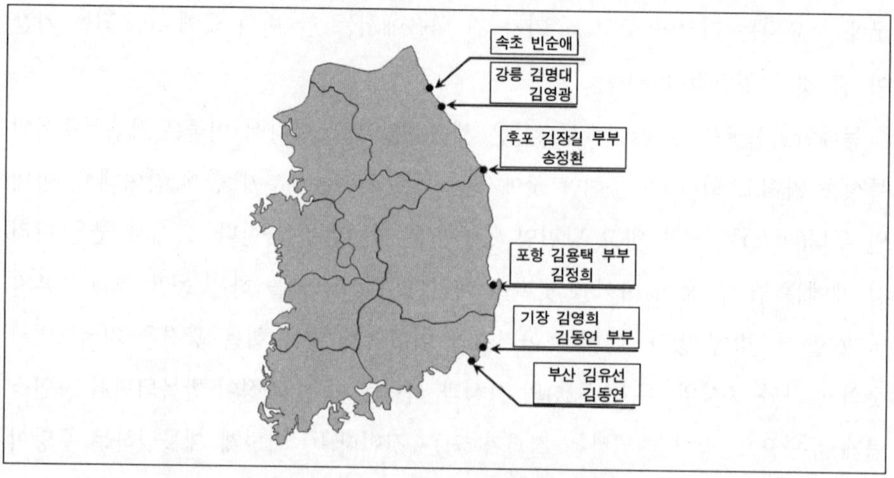

〈그림 1〉 동해안 무(巫)분포도

---

24) 경남지역의 김석출무가 · 경북의 송동숙 무가 · 강원도의 신석남 무녀(巫女)의 아랫대를 일컫는다.

25) 부산과 울산 일대의 단골판이 1960년대 이후 점차 쇠퇴해 가다가 1970년대 후 이 지역 출신의 무속인들이 사라진 것과 동시에 이 지역은 김석출 일가의 단골판이 된다. 김석출 일가가 이처럼 경남의 단골판을 확보하게 된 것은 여러 가지 이유 때문에 가능하였다고 생각된다. 우선은 1960~70년대 당시에 부산과 울산지역에는 김석출 일가를 능가하는 무속집단이 없었고, 이런 상황은 기량이 우수한 김석출 일가가 부산의 단골판을 확보하는 유리한 상황으로 작용하였을 것이라 생각된다. 또한 당시의 무속인들은 자신의 대에서만 무업을 하고, 이를 자손들에게 전수하지 않았기 때문에, 그들이 사라지면서 동시에 단골판 자체도 사라지게 되었던 것이다. 이 때문에 방대한 혈연관계를 구축하고 있었던 김석출은 거의 공백 상태의 경남 단골판을 쉽게 장악할 수 있었고, 이후 1985년 중요무형문화재 동해안 별신굿의 보유자로 김석출과 그의 가족들이 지정됨으로서, 경남 동해안의 무속인으로 확고히 자리를 굳힌다(장휘주, 「경남 · 경북 동해안 무가(巫歌) 비교연구」, 서울대학교 박사학위논문, 2002.).

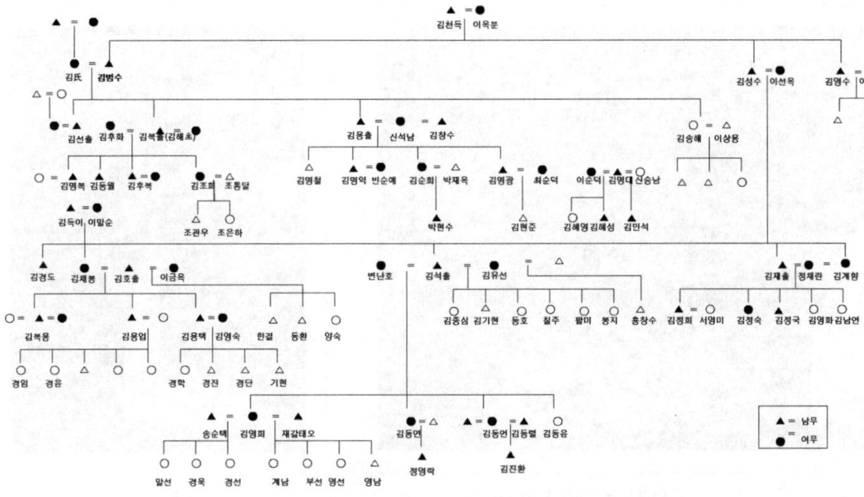

〈그림 2〉 김석출 무계도

김석출 작고시 육성으로 남긴 기록에 따르면 "꽹과리는 김정희를, 굿판은 김동언을 따라올 사람이 없다"고 남겼으며[26] 그 유언에 따라 동해안별신굿 보존회를 운영하고 있는 동해안별신굿 전수조교 김동언은 남편 김동렬과 그리고 아들 김진환과 함께 경남지역 별신굿의 전담하여 활발하게 활동하고 있다. 김정희는 중앙대·한국예술종합학교의 강단에서 제자양성 및 동해안별신굿의 전승에 큰 역할담당을 하고 있다. 현재 남무(男巫)의 이수자격으로는 타악기의 연주 및 탈놀음의 연기가 우수해야하며, 여무(女巫)일 경우에는 무무(巫舞)과 무가(巫歌)에 있어 재능이 있어야 한다. 그러나 <사진1>과 <사진3>과 같이 동해안별신굿의 전승을 위해 노력하는 젊은 남무(男巫)전승자들이 많으나, 여무(女巫)는 사정이 여의치 않아 전승을 이어갈 후계자가 없는 상태이며 거의 모든 굿판을 김동언이 주도하고 있다. 이것은 곧 동해안 별신굿의 무무(巫舞) 종류의 손실 및 전승발전의 저해요인이 될 것이다.

---

26) 서영미의 증언(2차 인터뷰, 2007년 10월 10일 동해안별신굿 실제현장).

〈사진 1〉27)

〈사진 2〉28)

〈사진 3〉29)

---

27) 2007년 10월 10일 자갈치축제에서-김정희·정연락·김동열·김동연·김진환·김영희/(맨왼쪽에서부터).

28) 2007년 10월 10일 자갈치축제에서, 출어제 시작을 알리며 열연하고 있는 김동언.

29) 2007년 10월 11일 용두산 용신제에서- 손정진(김정희제자), 김정희·김동열·김진환·손영만(빗내농악전수조교)·박종환(동해안별신굿이수자)/(맨왼쪽에서부터)

3. 동해안 별신굿의 춤

(1) 동해안 별신굿의 무무(巫舞)

굿에서의 신명(神明)은 춤으로 발동하게 되고 그 신명을 일차적으로 본원적 생명력에서 나온 것이나 이밖에 무복(巫服)이나 무악(巫樂) 그리고 제물의 음복 등 주력(呪力)에서 감염되기도 하는 것이다.[30] 따라서 신명은 무(巫)에게만 일어나는 것이 아니라 무를 보고 있던 관중들도 그 주술성에 말려들게 되어 신명현상이 야기되기도 한다. 그리하여 잠재적인 종교적 심성과 예술적 심성이 무의식 상태에서 교류하는 가무오신(歌舞娛神)의 과정에서 굿판에는 흥이 일어나고 관중은 이것에 도취·열광·황홀의 절정에 빠진다. 그리하여 난장판이 조성되어 굿은 신성한 장에서 재생과 삶의 장으로 바뀌어지고 그 춤은 종교적 신성성을 벗어나 유희적이거나 오락적, 예술적인 춤으로까지 변하기도 한다. 동해안 굿의 연행장소인 굿판의 특징은 그때 그때의 상황에 따라 연행장소를 신역화(神域化)하며, 신을 즐겁게 해주기 위한 연행장소를 미려하게 꾸며 비일상적인 장소로 탈바꿈하는 것이다. 무무(巫舞)가 추어지는 굿판은 여러 신을 맞이하였다가 보내는 신성한 자리인 동시에 무(巫)가 굿을 연행하는 장소이기도 하다. 무의례(巫儀禮)의 춤판은 여러 신을 맞아들이고 보내는 장소이므로 부정이 없는 신성한 장소이다. 즉 무당들이 신과 접신(接神)하는 장소이며 동시에 굿을 진행하는 장소이기도 하다. 굿판에서 무(巫)는 인간의 신체를 통하여 직접적이고도 강한 커뮤니케이션을 이루고자 하며, 춤을 통해 신내림을 기원하게 된다.[31] 무무(巫舞)는 신과 인간을 연결하는 연결고리로 신령의 영력을 빌어 재액을 물리치고 복을 비는 데 그 목적이 있으며 청신(請神)-오신(娛神)-송신(送神)에 따라 행해진다. 무무(巫舞)의 표현은 각 거리마다 무가(巫

---

30) 한양명, 「민속예술의 신명에 관한 몇 가지 생각들」 『안동대학원 민속학과 민속예술연구강좌 발표문』, 1999.

31) 강혜숙, 「황해도 굿춤에 대한 연구」 『한국무용연구회』3, 1984, 73쪽 참조.

歌)의 보조 수단으로 춤추는 경우와 반대는 무악기의 반주를 받아 춤추는 경우가 있으며, 때로는 제주나 그 가족 또는 관중을 위해 추는 경우도 있다. 동해안 굿의 춤이 타 지역 춤과 다른 점은 무구(巫具)를 가지고 추는 춤은 부채와 수건을 들고 추는 춤이 많고, 무구(巫具) 없이 쾌자자락으로 추는 신놀음 춤 등 다양한 춤의 형태를 보여준다는 것이다. 동해안 굿의 대표적인 무무(巫舞)는 아래와 같다.

1) 푸너리춤

푸너리춤은 굿이 시작할 때 추는 춤으로 부정굿, 꽃노래, 뱃노래, 동노래, 거리굿을 제외한 모든 거리에서 추어진다. 1장부터 5장까지 구성된 푸너리 장단에 맞춰 느리게 시작되어 중간 빠르기로 몰아가는 형태를 띄며, 무구(巫具)를 들고 추는 것이 주를 이룬다. 주로 오른손에 부채를 들고 왼손에 수건을 들고 추며 굿거리의 목적에 따라 무구(巫具)를 다르게 사용한다. 한 거리마다 무가(巫歌)의 보조 수단으로 춤추는 경우과 반대로 무악기의 반주를 받아 춤추는 경우가 있다. 보조 수단으로 춤추는 경우는 주로 청보장단의 무가(巫歌)와 제마수장단의 무가(巫歌)를 부를 때 무녀(巫女)가 호흡을 가다듬으려 한 마루 정도의 춤을 추므로 움직이는 동선은 짧고 부드럽고 느린 춤사위로 뒤 또는 옆으로 걸어 다니며 팔을 일자로 펴서 추거나 느린 겨드랑 무관, 돌몰이무관의 춤사위를 춘다. 무가(巫歌)가 빠른 장단으로 불려 질 때는 무가(巫歌)의 빠르기와 같이 춤사위 또는 두팔을 번갈아 움직이거나 양팔을 같이 움직여서 몸 앞과 옆에서 상·하로 팔을 흔들며 발동작은 굴신을 많이 하면서 한 발 들기 동작을 주로 한다. 그리고 무악기의 반주를 받아 춤추는 경우는 느린 장단에서 빠른 장단으로 몰아가며 추는데 동선이 넓고 활발한 움직임을 보인다. 끝에 빠른 장단에서 양팔을 머리위로 휘젓거나 뿌리는 춤사위로 양사위치기무관과 겨드랑무관, 도리깨무관을 주로 춘다. 부채의 춤사위 특징으로 부채를 접은 상태에서 거꾸로 들어서 한 발 들고 한 바퀴 돌면서 뒤로 돌려 뿌리기 사위를 하고, 부채를 펴서 세워 옆으로 좌·우로 눕히는 동작을 하는데, 이는 손바닥을 엎었다 뒤집은 동작의 원리로 추는 것 같다.[32] 이러한 푸너리

춤은 신을 청하는 청신(請神)과 오신(娛神) 그리고 송신(送神) 등의 제의적 기능을 가지고 있는 동해안 굿에서 가장 대표적이고 중요한 무무(巫舞)이다.

2) 거무춤

거무춤을 추는 거리는 푸너리춤을 추는 거리는 같지만 푸너리가 각 거리의 처음 추는 무무(巫舞)라면, 거무춤은 청보장단 혹은 제마수장단으로 무가(巫歌)를 마치고 춘다. 거무장단에 맞춰 부정굿에서 신칼 들고 추는 춤, 놋동이굿의 놀이칼 들고 추는 춤, 성주굿의 쾌자자락 잡고 추는 춤이 있으며 이러한 춤은 청신(請神)과 오신(娛神) 그리고 부정굿에서 전투 등의 제의적 기능을 가지고 있다.

3) 어포춤

거무춤을 마치면 추는 춤으로 어포를 들고 춘다. 주로 거무장단에 추어지나 살풀이형 장단에 출 경우도 있다. 살풀이형 장단에 출 때에는 당모시고 내려오기(골맥이굿)과 내천왕굿에서 명태궤를 들고 추며, 일시적으로 추는 거무장단의 어포춤은 놀이칼을 들고 다른 어포를 들고 춘다. 이러한 춤은 신에게 공찬하는 제의적 기능을 가진다.

4) 중춤

중춤은 세존굿에서만 추며, 연극적 마임과 바라춤이 있다. 푸너리춤을 추고 제마수 장단으로 당금애기풀이를 길게 부른 다음에 추고, 일명 삼오동춤이라고도 한다. 굿이 시작되면 무녀(巫女)는 쾌자에 부채와 고깔을 들고 춤을 추다가 당금아기 타령을 부르면서 기원을 한다. 고깔을 쓰고 활옷을 입고 중춤을 춘다. 무당은 춤을 멈추고, 중이 앉아서 졸고, 양치질하고, 이 잡고, 비듬털고, 세수하고, 머리 감고, 신 삼는등의 무언의 마임을 하다가 무악(巫樂)에 따라 빠르게 움직이다

32) 김진양, 「부산지역의 동해안별신굿에 나타난 춤에 관한 연구」, 중앙대학교석사학위논문, 2004.

가 앉아서 바라를 들고 바라춤을 춘다.[33] 이것을 상제놀음이라고 한다.

불교적인 농도가 짙은 연극적 무용이라 할 수 있으며, 향연무의 제의적 기능을 가진다.

5) 바라춤

세존굿에서 바라를 들고 추는 춤은 불교의식에서 추는 바라춤과 비슷하며 무당이 바다를 들고 서서 추는 춤이다. 세존굿의 중춤에 이어 추며 중춤을 출 때 입었던 활옷과 고깔을 벗고 평복 차림으로 덩덕궁이 장단을 바라로 치며 춘다. 오신의 제의적 기능과 복을 기원하는 기능을 가졌다.

6) 거령산춤

거령산춤은 경남 동해안 별신굿의 세존굿에 대한 여러 보고서에만 나오는 춤이다. 장삼을 입고, 고깔을 쓰고, 염주를 목에 걸고, 양손에 꽃을 들고 추는데, 절의 나비무와 흡사하다. 불가의 제의적 성격을 고려할 때, 거령산춤은 원래 오구굿에 있던 것이었을 것으로 추측된다.

7) 그 외 남녀대무(男女對巫)와 군무(群舞)

남녀대무(男女對巫)는 산신굿에서 추어지는 것으로 먼저 무녀(巫女)가 푸너리춤과 무가(巫歌)를 마치면 느린 중모리장단에 춤을 시작하는데 이때 양중 중 한 명이 나와서 함께 추는 춤이다. 등맞추기 동작으로 두 사람이 서로 등을 맞대고 양팔을 어깨 높이로 펴서 들고 우쭐대거나 좌우로 어르거나 등을 맞대고 한 바퀴 도는 춤사위와 배맞추기 동작으로 오른발과 오른손을 앞으로 하고 두 사람이 마주보고 서로 우쭐대는 춤사위는 남녀가 서로 상대무를 출 때 많이 쓰이는데 타지방 무무(巫舞)에서 볼 수 없는 춤사위로 추어진다. 군무는 지신굿에서 무녀(巫女)

33) 박경련, 『한국무용의 생성에 관한 연구』, 숙명여자대학원석사학원논문, 1986, 12쪽 참조.

들이 꽹과리를 들고 원을 돌면서 추고 꽹과리를 치는 듯이 가슴 앞에서 한번씩 치고 양팔을 벌려 어르는 동작을 주로 하며 연풍대 춤사위를 하는 등 대형변화를 이루며 춘다. 대무(對巫)가 끝날 때 무가(巫歌)를 부르던 원무당이 독무로 꽹과리를 치며 춤을 추고 이어 상모를 돌리는 형태의 동작으로 머리에 긴 천을 단 막대기를 든 손을 머리에 얹어 농악을 연출한 듯 하다. 꽃노래에서 무녀(巫女)들이 원무를 하며 돌고 무녀(巫女) 두 명씩 짝을 지어 다양한 춤사위를 하는데 달넘기무관, 겨드랑무관, 양사우치기무관 등을 한다. 주로 비빔무관과 돌림 사위는 원을 중심으로 안으로 마주보며 한다. 이러한 춤은 오신(娛神)과 송신(送神)의 제의적 기능을 가지며, 다른 지방에서는 볼 수 없는 형식을 가진다.

이 밖에도 선행연구들을 검토하게 되면 무구(巫具) 및 무복(巫服)에 따라 손대 들고 추는 춤, 신칼 들고 추는 춤, 부채와 수건들고 추는 춤, 명태 들고 추는 춤, 놀이칼 들고 추는 춤, 술잔과 떡 들고 추는 춤, 꽃 들고 추는 춤, 장구 들고 추는 춤 , 탈춤, 탑 과 대 들고 추는 춤 등 같은 무구(巫具) 및 무복(巫服) 사용과 같은 형식, 같은 내용일지라도 무무(巫舞) 용어의 난립과 천편일류적인 연구결과를 알 수 있다.[34)]

(2) 동해안 별신굿의 춤사위 용어와 동작

동해안 별신굿 '무무'(巫舞)의 춤사위 용어에 대한 선행연구를 살펴보면 사람의 움직임을 흉내 낸 의태어로 분류 하였고, 움직임의 특성에 따라 사위와 무관(舞官)으로 정했다. 무무(巫舞) 용어의 난립과 천편일류적인 연구결과가 춤사위에서도 나타나고 있으며 그 결과는 <표1>과 같다. 이 중 '까불무관'을 제외한 모든 춤사위는 굿에서 전래되어 온 것으로 실제 현장에서도 존재한다. 그리고 같은 동작이지만 박자에 따라 춤사위가 다르게 명시되어지는데 빠른장단에는 '한발뛰기', 느린장단에는 '한발들기'가 그 대표적인 춤사위라 할 수 있다.[35)]

---

34) 김윤지, 「동해안별신굿 춤사위의 생성요인에 관한 연구」 『우리춤연구』3집, 2006, 52쪽 참고.

〈표 1〉 선행연구들의 춤사위 용어

정병호『무무(巫舞)』	박경신·장휘주『동해안별신굿』 장휘주『경상도동해안별신굿의 연행구조』 김진양『부산지역 동해안별신굿에 나타난 춤에 관한 연구』	오선희『동·서해안의 무속춤 비교연구』		윤동환『연행예술로서 동해안굿의변화양상과 변화요인』
1.좌우치기 2.돌머리무관 3.손신무관 4.자치무관 5.도리개무관 6.비빔무관 7.까불무관 8.몸앞에서 옆으로 뿌리는 사위 9.돌리는 사위 10.느름손치기 11.깨금사위 12.까치걸음 13.완자걸음	無	1.갈매무관 3.손신무관 5.등 맞추기 7.좌우치기 9.어깨맞이 11.뫼산자무관 13.까치딛기 15.밀치기 17.얹은사위 19.한발뛰기 21.어름새 23.너울치기 25.한손던지기 27.돌림사위	2.돌몰이무관 4.비빔무관 6.배 맞추기 8.겨드랑이 무관 10.앉음무관 12.양사위치기 14.뒤로 돌려 뿌리기 16.안유짜기 18.한발들기 20.옆걸음 22.상대무관 24.덜넘기무관 26.앉아배기	1.겨드랑사위 2.비빔무관 3.양사위무관 4.갈매무관 5.돌머리무관 6.송신무관 7.자치무관 8.손신문관 9.도리개무관

춤은 옛날 어른들이 가지 수가 훨씬 많고 다양했으나 지금은 무무(巫舞)의 전승 어려움으로 인해 별로 남아있지 않고 옛날처럼 추는 무녀(巫女)는 없다. 현재 남아있는 무무(巫舞)의 형태는 비슷하며 이것은 춤사위 분류작업의 어려움을 남기고 있다. 춤사위가 가장 많은 곳은 세존굿과 문굿이며 우김굿의 망자굿이 영향 받았으며 드러갱이 춤이라고 한다. 쾌자자락을 잡고 춤을 출 경우는 있으나 경상남도에서는 쾌자자락을 잡고 춤을 추는 경우는 드물다. 대략 공연시간은 1시간 20분에서 30분이며 실제 현장에서의 동해안 굿의 주요 춤사위 용어 및 동작설명을 정리해보면 아래 <표 2> 와 같다.[36)]

---

35) 김동언증언(2차인터뷰, 2007년 10월 11일 용두산 용신제 현장).

36) 김동언 증언(1차 인터뷰, 2007년 8월 7일 동해안별신굿 보존회 현장).

〈표 2〉 실제 춤사위 용어 및 분석[37]

용어	사진 및 동작설명
겨드랑사위1	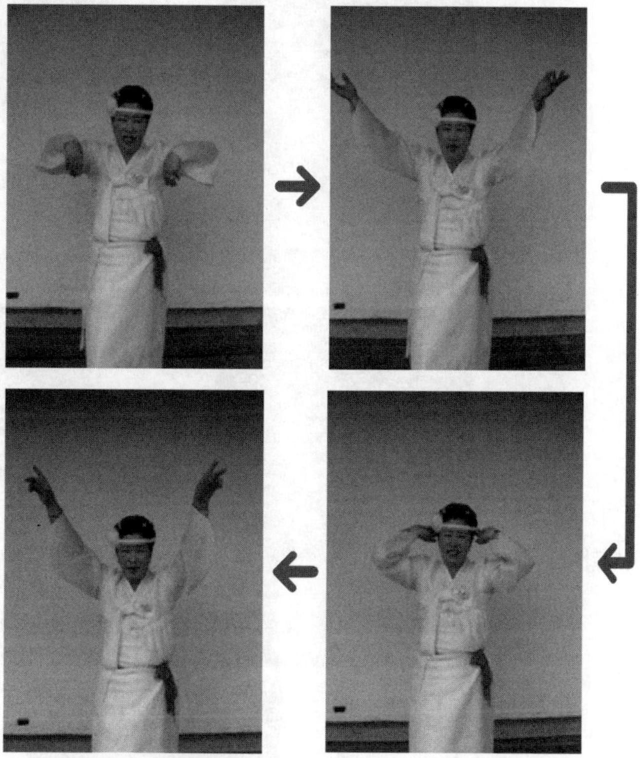 양손이 겨드랑이를 스쳐 위로 쭉 뻗어 올렸다가 다시 귀 가까이에서 매고 양손을 위로 뿌리는 자세이다.

37) 김동언 실연(2007년 10월 11일 용두산용신제 현장).

용어	사진 및 동작설명
겨드랑이2	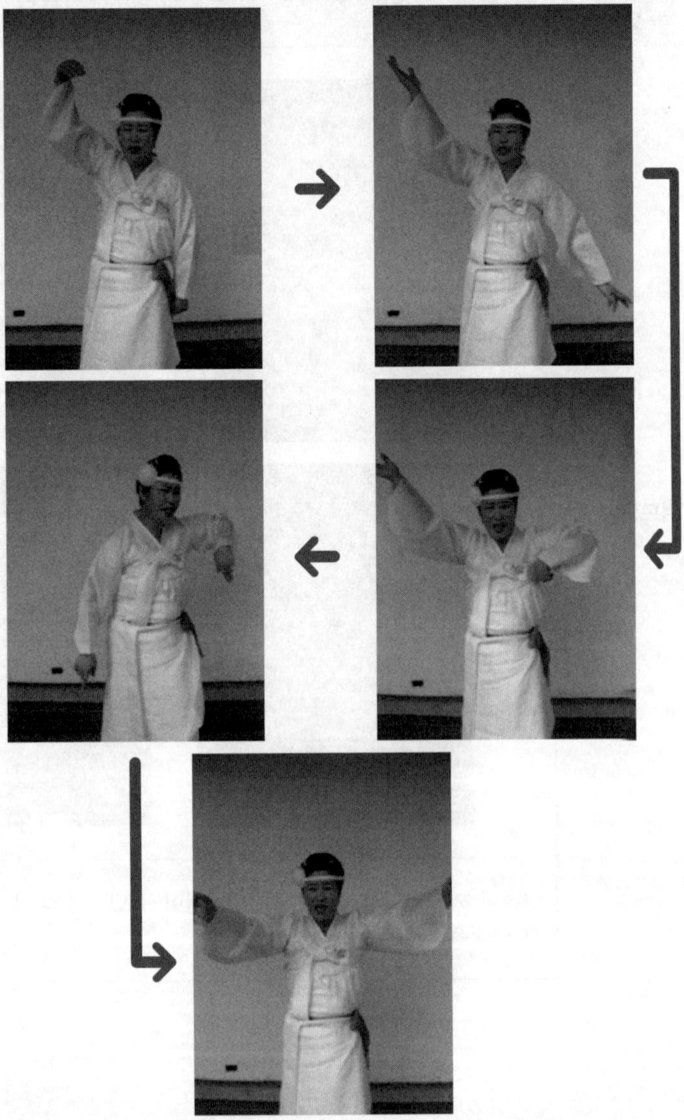 오른팔을 오른쪽 겨드랑이를 스쳐 굽혔다가 위로 펴는 동시에 왼팔은 왼쪽 겨드랑이를 스쳐 위로 편다. 특히 한쪽 팔을 움직이는 경우에는 그에 해당되는 다리를 살짝 들어올리기도 한다. 이 춤사위의 명칭에 따라 겨드랑이는 꼭 스쳐가야만 한다.

용어	사진 및 동작설명
비빔무관1	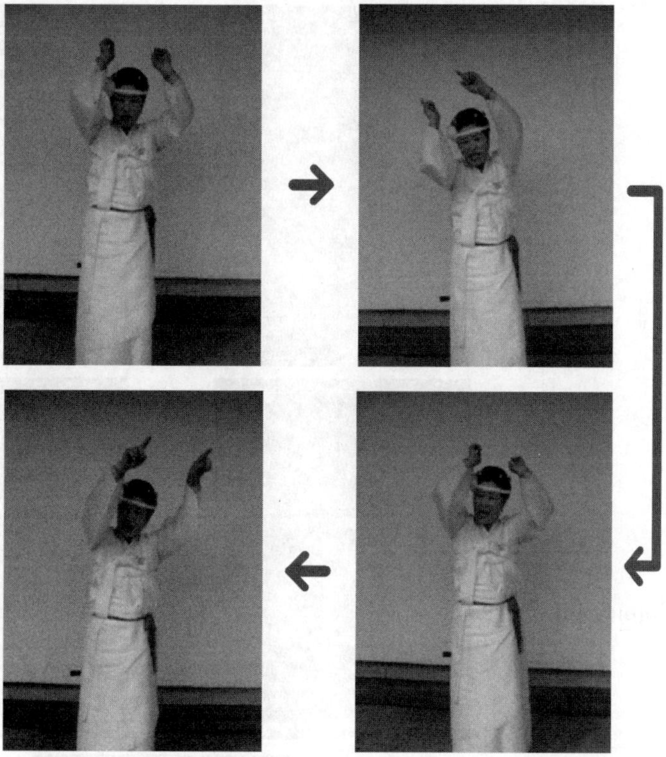 양손을 위로 올려 앞에서 뒤로 돌려 감았다가 뿌리며 이러한 동작은 앞 · 뒤, 좌·우, 위· 아래로 공간변경을 하면서 출 수 있다. 또한 거의 제자리에 서 있을때는 갈 '지'(之)자 형태를 유지하는 것이 중요하다.

용어	사진 및 동작설명
비빔무관2	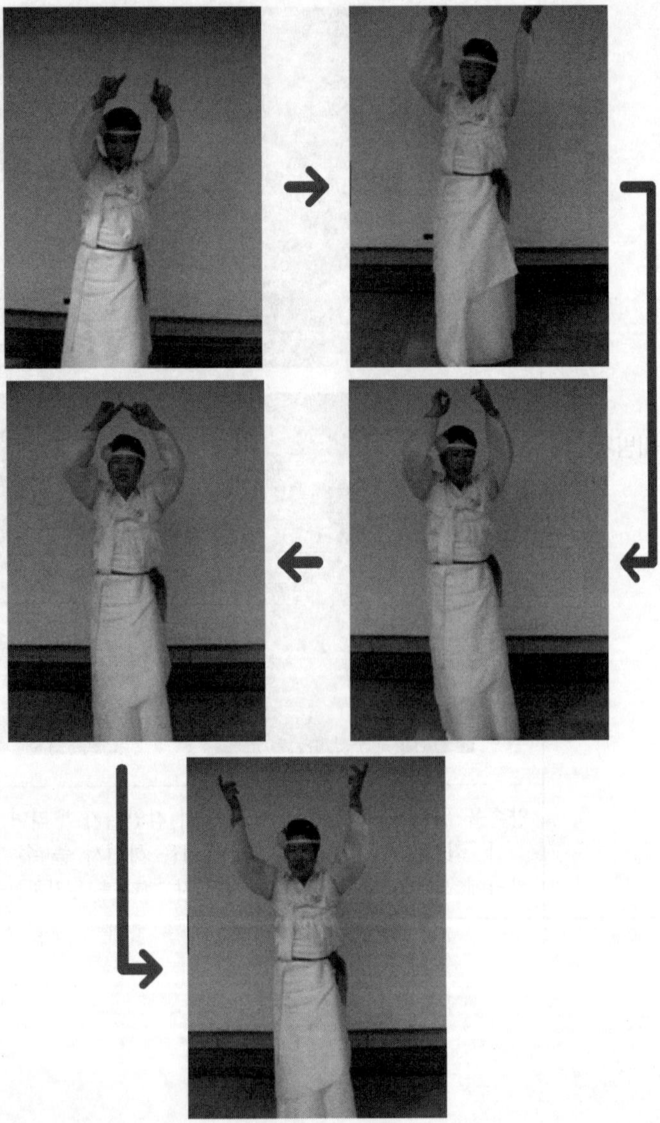 양손을 위로 올려 엇박자에 맞춰 한손씩 감았다가 뿌리는 동작으로 1박(첫박)과 4박(끝박)에서는 오른손에 엑센트를 줘야하고 오른손은 마지막에 한번 더 돌렸다가 감아서 동시에 위로 뿌리는 것이 중요하다.

용어	사진 및 동작설명
비빔무관2	→ 비빔무관은 동해안 무무(巫舞)에서도 가장 독특한 동작으로 감정을 고조시키는 기능을 가지며 남녀무가 서로 상대무를 출 때 많이 사용된다. 또한 세존굿에서 엎드려 무릎을 바닥에 대고 머리가 거의 바닥에 닿도록 하여 양팔을 머리위로 올리고 활옷의 긴소매를 서로 감아서 뿌리는 형태로 변화가 가능한 춤사위이다.
양사위무관	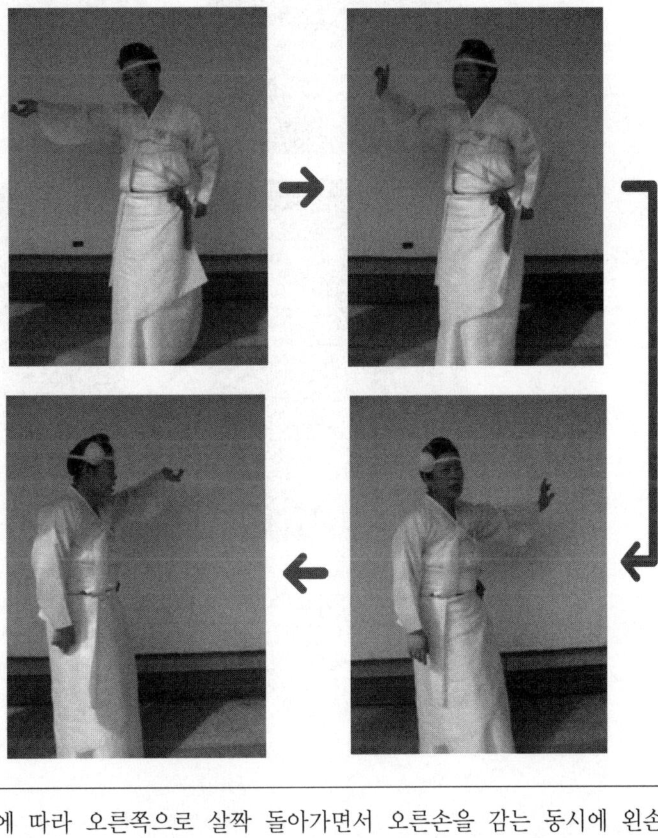 박자에 따라 오른쪽으로 살짝 돌아가면서 오른손을 감는 동시에 왼손을 왼쪽으로 보내면서 왼손을 감는 동작이다. 이 때 춤사위는 좌우로 많이 돌리지 않고 양쪽을 보내는 느낌의 정도로만 약하게 방향을 지정하는 것이 특징이다. 꽃이나 신칼, 신밥 등의 무구(巫具)를 들고 추는 경우가 많다.

용어	사진 및 동작설명
갈매무관	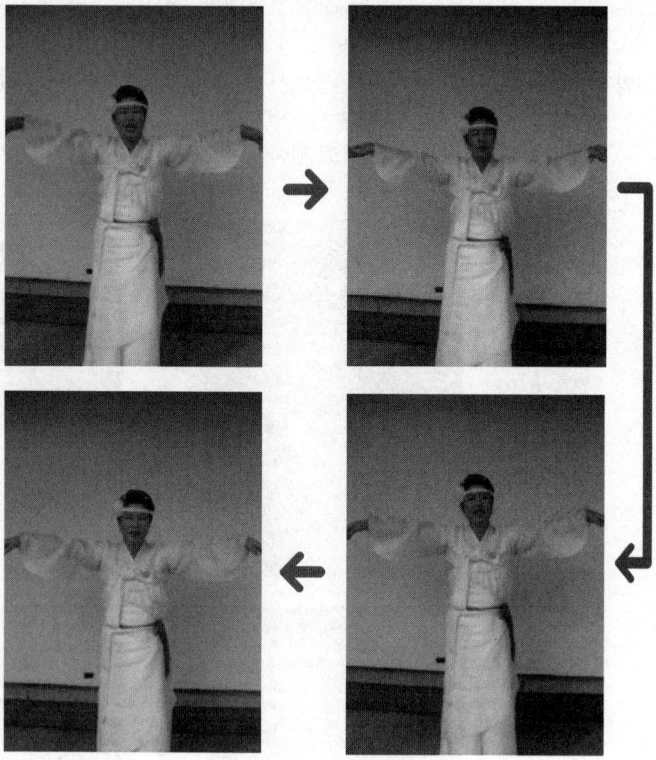
	맨손 또는 부채, 놀이칼, 수건 등의 무구(巫具)를 들고 양팔을 양 옆으로 일자로 펴서 손목, 팔꿈치를 이용하여 손바닥을 뒤집었다가 다시 엎는 것을 반복한다. 이때 갈매기 모양으로 너울거리며 제자리에서 또는 돌기도 하고, 앞· 뒤, 좌·우로 공간변경을 하기도 하고 어느 거리에서나 추어지는 춤사위이다.

용어	사진 및 동작설명
돌머리무관	 한손을 올리는 동시에 다른 한 손은 아래로 내리면서 돌아가는 동작으로 좌· 우로 한번씩 회무 할 때도 있다. 공간이동 할 때 의 춤사위임으로 발동작이 가장 중요시 된다.

용어	사진 및 동작설명
돌머리무관	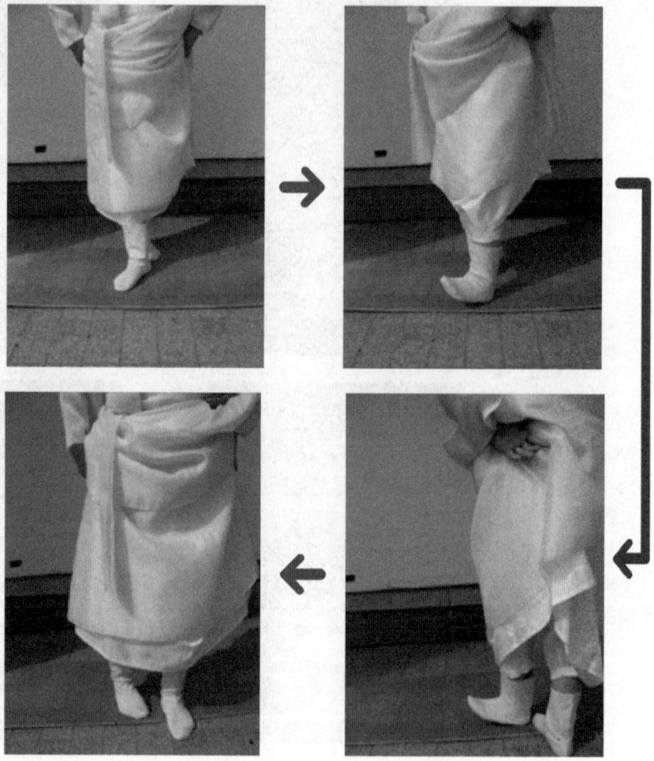 → 발 디딤 시 발 뒤꿈치부터 한 발, 한 발씩 디디면서 갈 '지' (之)자 형태를 유지하며 정성껏 돈다. 빠른장단에서는 뒤꿈치를 계속들고 돌며 오금을 조이는 것이 중요하다.

용어	사진 및 동작설명
손신무관	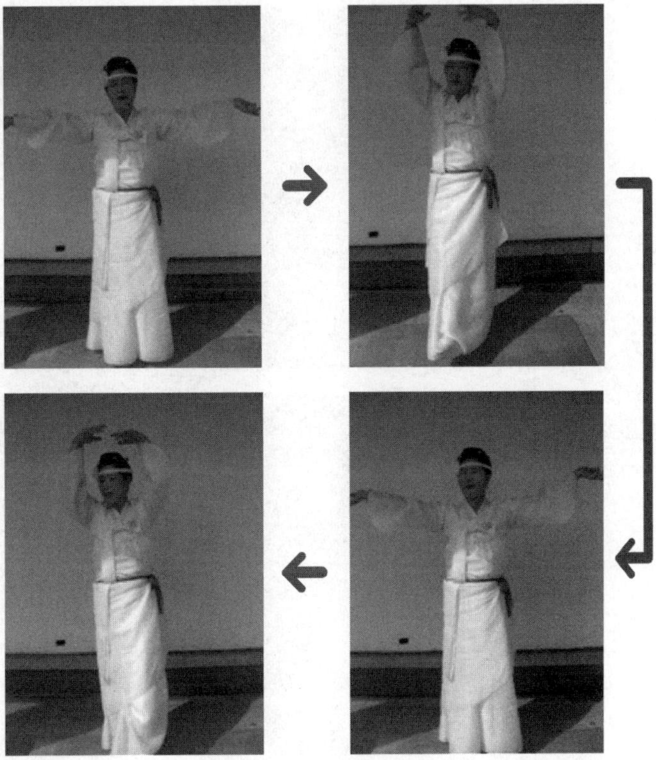 팔 위주의 동작으로 양손을 머리 위로 올려 오른손, 왼손으로 앞뒤로 변경하여 허공에서 여는 동작이다. 이 때 여는 동작은 신을 맞이하여 문을 연다는 의미이다.

용어	사진 및 동작설명
도리개무관1	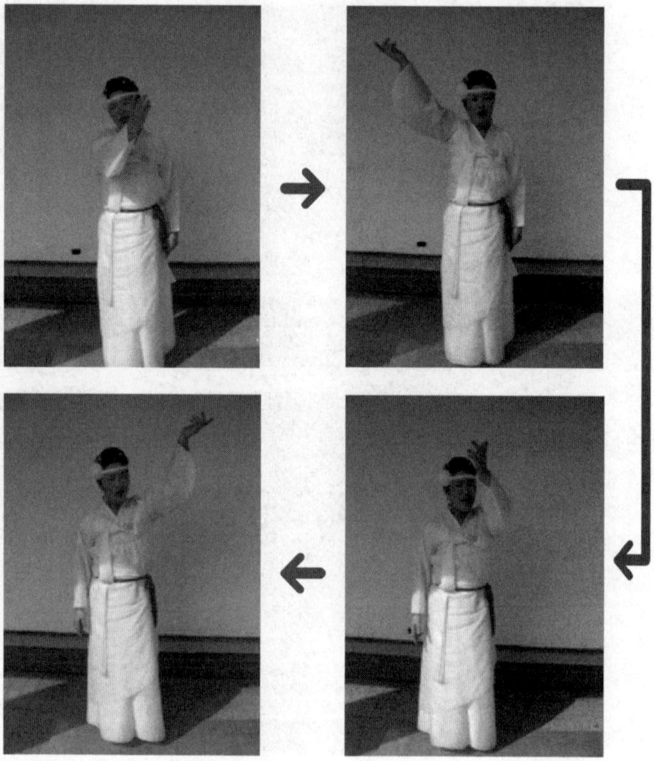 한 손씩 가슴 앞에서 머리 위로 돌리면서 보내는 동작이다. 팔을 움직이는 형태는 다양하게 변형이 될 수 있다.

용어	사진 및 동작설명
도리개무관2	 오른손은 어깨뒤로, 왼손은 어깨 앞으로 두고 동시에 위로 올리면서 반대쪽도 반복하는 동작이다.

용어	사진 및 동작설명
도리개무관3	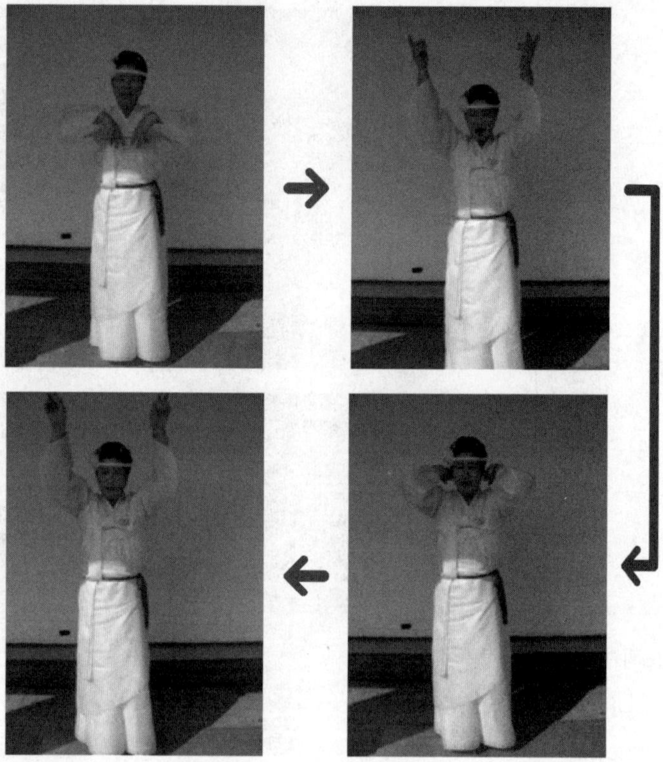 두 손을 가슴 앞에서 모아 위로 올려 보리타작을 하듯이 앞으로 뿌리는 동작이다.

4. 동해안별신굿의 무악(巫樂)

동해안 굿에서 무악(巫樂)은 굿 전체를 지배하는 하나의 예술적 요소이다. 동해안 별신굿에서 쓰는 무악기는 장구·징·바라·제팔·꽹과리 등의 타악기이고 다른 지방에서처럼 피리·젓대·해금 등의 선율악기는 쓰이지 않는다고 한다.[38] 그러나 역사적 배경 하에 구획된 경남과 경북 동해안의 두 무속권은 음악문화 전반에 걸쳐서도 그 차이점이 나타나며 무무(巫舞)를 반주할 때 사용되는 악기가 조금 다르다. 즉 현재 경북에서는 장고·징·꽹과리를 주로 사용하고, 여기에 바라가 가끔 추가된다. 하지만 경남에서는 경북굿에서 사용하는 타악기에 대금·피리·거문고 등 선율악기가 추가된다고 한다. 이는 1950년대 말이나 1960년대 초까지 부산지방의 굿에서 삼현육각 반주를 했다는 것을 말해주는 것인데, 이후 전승이 단절되었기 때문에 그 형태가 어떠했는지는 확인하기 힘들다. 하지만 경남굿에서 선율악기를 사용했다는 것이 무속인들을 통해 확인된 만큼, 경남과 경북굿의 반주악기는 서로 달랐던 것으로 볼 수 있을 것이다.[39] 그러나 현재에는 타악기가 주를 이루며 선율악기 연주는 드문 상태이다. 굿에서는 무가(巫歌)·장구·징·꽹과리의 편성이 가장 많이 쓰인다. 장구·징·꽹과리가 쉬고 장구·징 만이 반주하며 반대로 무가(巫歌)가 쉬는 동안에는 반주로 꽹과리, 장구, 징으로 연주하고 이때 무당이 춤을 춘다. 이 지역의 무가선율은 대부분이 메나리토리로 되어 있고 무가장단은 사람에 따라 조금씩 다르게 치기도 하며, 지방에 따라 달리 부르는 경우도 있다. 동해안 별신굿의 반주장단은 굿의 시작을 알리는 푸너리·달어청보(청보)·거무·수부가 기본이며, 거무가 들어가지 않는 심청굿을 제외하면 푸너리·제마수·거무·수부의 구성으로 되어 있다. 이 외에 부정굿에 선부정이 들어가고, 마을의 풍물패와 함께 굿을 홍보하는 문굿에는 굿거리·자진모리·세존굿의 고삼·자삼·드렁갱이·삼오동·두나백이가 있다. 군웅장수굿에 무정작궁이 들어가며, 뱃

38) 오선희, 전게서, 37~38쪽 참고.

39) 장휘주, 『경남·경북 동해안 무가 비교연구』, 서울대학교박사학위논문, ,2002, 15쪽 참조.

노래에 삼공잽이, 거리굿과 같은 굿놀이에는 빠른 장단인 중모리·중중모리·자진모리·휘모리가 들어간다. 경남지방과 다른가락이 있다면 부정굿에서 제관들이 재배할 때 들어가는 재배가락이 있다.[40] 특히 별신굿의 장단에 있어서 무무(巫舞)에는 푸너리·대너리·거무장단·삼오장·도드리 장단이 주로 사용되며 그 밖에 중중모리형·자진모리형이 쓰인다. 무가(巫歌)에는 청보, 제마수장단이 주로 사용되며 그 밖에 드렁갱이·고삼·자삼·쪼시개와 같은 장단이 쓰인다. 이들 장단을 설명하면 다음과 같다.[41]

(1) 푸너리 장단

푸너리 장단은 각 거리의 첫머리에 무당이 추는 춤의 장단이다. 매우 빠른 2분박 4박자(4분의 4박자) 기본박이 되고 이 기본박 4악구를 이룬다. 징은 둘째, 넷째 악구에 한번 친다.

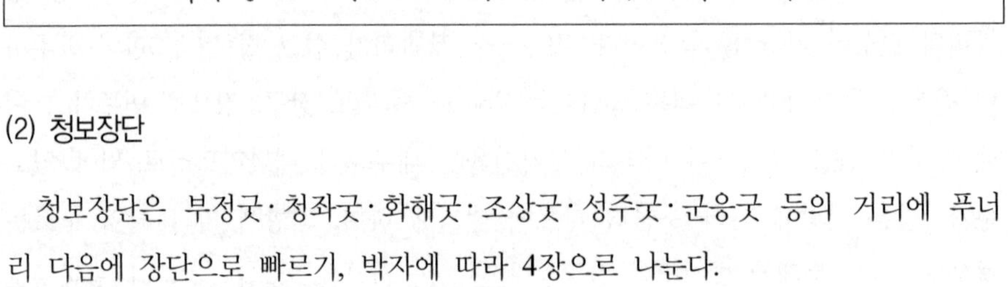

(2) 청보장단

청보장단은 부정굿·청좌굿·화해굿·조상굿·성주굿·군웅굿 등의 거리에 푸너리 다음에 장단으로 빠르기, 박자에 따라 4장으로 나눈다.

(3) 청보초장

매우 빠른 3박, 2박, 3박이 혼합되어(3/8 + 2/8 + 3/8) 8분의 8박자가 기본박

40) 장휘주, 전게서, 2002, 29~30쪽 참조.

41) 김은경,『한국민속무용연구』, 형설출판사, 1983, 53쪽 참조.

이 된다. 그러므로 5박이 한 악구를 이루므로 한 악구는 8분의 4박자가 된다. 징은 둘째, 넷째, 악구에서 한번 친다. 무당은 5악구를 노래하고 5악구는 춤춘다.

(4) 청보2장

빠른 3박(3/8)이 기본박을 이루고 기본박 5가 한 악구를 이룬다. 따라서 한 악구는 8분의 15박자가 된다. 징은 청보 초장과 같다. 무당은 4악구를 노래하고 또 4악구는 춤을 춘다.

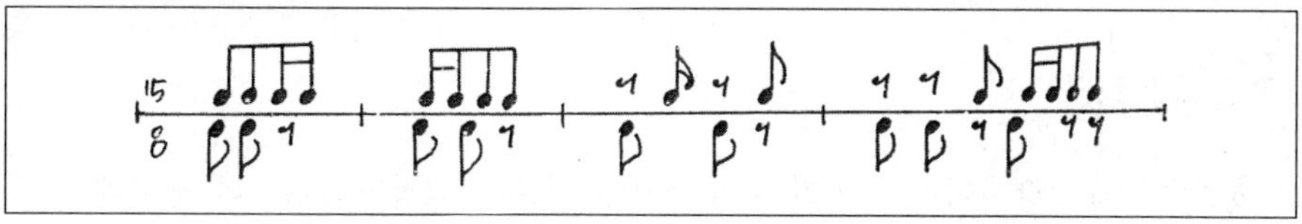

(5) 청보3장

빠른 2박(1/4)이 기본박이 되고 기본박 5가 한 악구를 이루므로 한 악구는 4분의 5박자가 된다. 징은 청보초장과 같다.

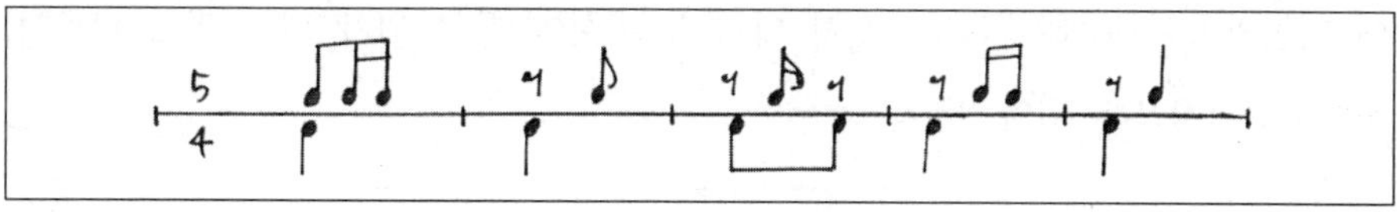

(6) 청보4장

매우 빠른 5박이 기본박이 되고 기본박 4가 한 악구를 이룬다. 징은 첫악구 첫째박에 친다. 한 악구는 노래하고 한 악구는 춤춘다.

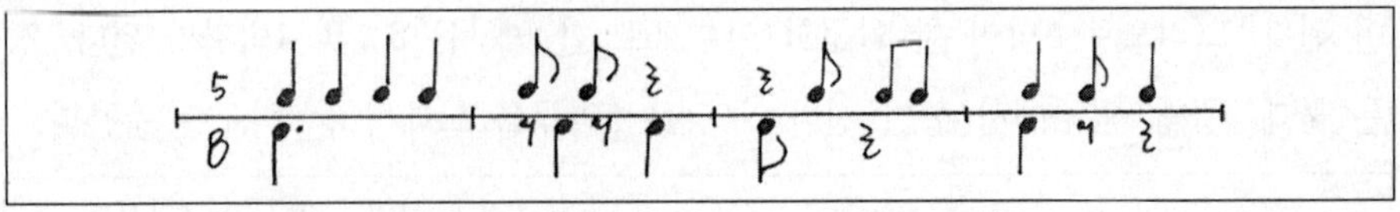

(7) 잦은모리장단

잦은모리장단에 잔 가락이 많이 들어가서 가장 빠른 tempo로 몰아친다. 징은 첫째악구 첫박에 친다.

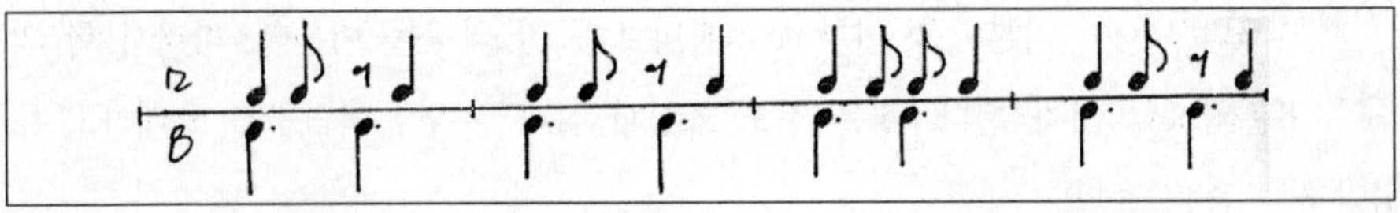

(8) 도깨끼 장단

청보초장과 2장사이에 들어가는 장단인데 잦은 모리장단이 좀 더 빠르게 치는 장단이다. 실제는 청보2장의 변주이다.

(9) 제마수장단

제마수장단도 청보장단과 같이 3.2.3으로 되는 혼합박이 기본박이 되는데 단지 이 기본박이 청보에서처럼 다섯이 아니고, 여섯이 한 단위가 되는 것이 다르다. 제마수도 3장으로 되어 있다.

$$\text{제마수초장 } \frac{3+2+3}{8} \times 6 = 8 \times \frac{6}{8} = \frac{48}{8}$$

(10) 드렁갱이

드렁갱이 초장은 3·2박이 기본박이 되는 혼합박자로 이 기본박이 10개 모여서 한 장단이 된다. 이 드렁갱이도 3장으로 나누어진다.

드렁갱이 초장 $\frac{3+2}{8} \times 10 = \frac{50}{8}$

(11) 고삼

고삼은 장으로는 구분되지 않으며 8이 기본박이 되고 이 기본박이 다섯이 모여 한 장단이 되어 15/8박이 된다. 쉽게 말해서 중모리장단에서 한칼살이 더 있다.

(12) 자삼

자삼은 3.2로 된 혼합박이 기본박이 되며, 이 기본박이 둘이 한 장단이 된다.

자삼 $\frac{3+2}{8} \times 2 = \frac{10}{8}$

(13) 쪼시개

쪼시개는 3.2기 기본박이 되는 혼합박이며, 이 기본박이 다섯이 모여 한 장단이 된다.

쪼시개 $\frac{3+2}{8} \times 5 = \frac{25}{8}$

5. 동해안별신굿의 무복(無服)

무복(巫服)은 거의 조선시대의 관복·군복·승복과 유사한 것으로 그 시대의 복식을 모방한 듯 하다. 무복(巫服)을 신복이라 부르기도 하고, 이 무복(巫服)에 따라서 신의 성격이 나타남으로서 형식이 다양해지고, 굿이 전달하는 상징의미를 잘 이해하게 해 주는 매개체 역할을 한다. 특히 세습무인 진도 씻김굿의 경우는 무복(巫服)의 상징체계가 무당이 착용하는 무복(巫服)과 무당이 도구로써 사용하는 무복(巫服)이라는 상징체계가 직접적으로 남아있는 중요한 의미를 지녔다.[42] 그러나 동해안 별신굿의 무복(巫服)은 평복·쾌자·활옷 등의 단조로운 구성이며, 굿거리 마다의 상징성 부여를 위한 도구의 의미도 아니다. 또한 특별한 규정에 의해 무복(巫服)을 갖추어 입는 것도 아니다. 평복의 치마와 저고리의 색상은 정해져 있지 않으나 주로 현재는 흰색 평복을 착용하며 주로 쾌자는 푸른색 또는 고동색에 초록색 가슴띠를 매고 활옷은 필요한 부분에서만 착용한다. 특히 세존굿 에서는 무복(巫服)의 변화가 가장 눈에 띄는 거리로 중춤 시 고깔에 활옷을 입고, 바라춤 시 활옷과 고깔을 벗고 평복을 입으며, 거령산춤 시 장삼을 입고 고깔을 다시 쓰며 염주를 목에 걸고 양손에 꽃을 들고 춤을 춰야 한다고 한다.[43] 이러한 무복(巫服)의 변화는 거리별 특징을 구별해주는 역할을 하며, 청신(請神)의 과정에서는 화려한 화관을 착용하여 신을 모셔오며, 오신(娛神)에서는 검은색 갓과 원삼을 착용하는데 갓의 의미는 액운을 막아주는 상징적 의미를 표현했다고 할 수 있다.

---

42) 김은정,「망자천도굿에서 상징하는 무복(巫服)의 특성」『한국복식학회지』, 2003, 13330~1337쪽 참조.

43) 김동언 증언(1차 인터뷰, 2007년 8월 7일 동해안별신구 보존회 현장)

〈사진 4〉[44]

〈사진 5〉[45]

6. 동해안별신굿의 무구(巫具)

1) 부채

별신굿에서 무녀(巫女)가 오른손에 드는 부채는 산신이나 제석신 등이 색색으로 그려져 있고, 가장 자리에 붉은색 깃털이 달려 있는 합죽선성주굿·조상굿·군웅굿·산신굿·제석국·세존굿·황제굿·대신굿·대왕굿 등에서 무녀(巫女)가 무무(巫舞)를 출 때나 무가(巫歌)를 부를 때 손에 든다.

2) 신칼

신칼은 경남 지방의 도가집굿에서 하는 부정굿, 할매당굿과 할배당굿의 부정굿, 경북지방의 부정굿에서 무녀(巫女)가 주로 부정을 칠 때 사용한다. 무녀(巫女)는

44) 2007년 10월 3일 예술의 전당에서.

45) 2007년 10월 11일 용두산 용신제에서.

신칼로 바가지에 담긴 물을 찍어 사방에 뿌리면서 부정을 친다. 신칼은 놋쇠로 되어있고 칼자루의 끝에 흰 종이 수실이 여러 가닥 달려있다.

3) 신대

동해안별신굿에서 신(神)을 받는데 사용하는 신대는 주로 잎이 달린 큰 대나무를 사용한다. 신대는 당굿에서 서낭신을 모실 때나, 용왕굿에서 신내림을 할 때에 사용한다. 마을에 따라서는 서낭신을 받을 때 신대 대신 조그만한 단지를 이용하기도 한다.

4) 천왕대

천왕대는 부산 지방의 별신구 가운데 밧당 천왕굿에서 천왕대 들러 갈 때 등에 사용된다. 무녀(巫女)가 청보 무가(巫歌)를 부른 다음에 "우영차 천왕님네 천왕대 내 모시러 가자"하면서 굿당 밖에 세워놓은 천왕대를 모시러 간다. 무당이 굿당 입구에서 천왕대를 들고 "욕심 많고 탐심 많은 천왕님네 밥은 솥밥을 자시고~, 자식들 명주고 복주고~" 하는 사설을 으면, 제관이 두루마기를 천왕대에 건다. 그리고 천왕대에는 제관의 두루마기와 함께 그 아래에 흰 종이수술도 달아 놓는다. 주민들은 종이 수술에 돈을 매달고, 무당은 이 천왕대로 주민들을 축원해 준다.

5) 손님대

손님대는 가는 대나무 가지의 끝에 종이로 만든 흰 수술을 붙여서 만든 막대기이다. 손님대는 손님굿에서 무녀(巫女)가 어깨에 매는데, 마을 주민들은 손님대의 종이 수술에 돈을 매단다.

6) 놋동이

놋동이는 놋쇠로 만든 큰 대야이다. 경북지방의 놋동이 장수굿과 경남지방의 밧당 놋동이굿에서 무녀(巫女)는 이 놋동이를 입으로 물어서 들어 올린다.

7) 수건

어떤 거리에서건 무녀(巫女)가 왼손에 들고 사용하는데, 일반적인 손수건과 같다, 무녀(巫女)는 춤을 출때 오른손에는 부채, 왼손에는 수건을 들고 추며, 또 무가(巫歌)를 부르는 도중에 이 수건으로 땀을 닦기도 한다.

8) 계면떡

계면떡은 쌀로 만든 조그만한 흰떡이다. 제면굿에서 총보 무가(巫歌)를 길게 부른 다음 무녀(巫女)가 "고기 씨앗이다", "농사 씨앗이다" 하면서 이 떡을 마을 사람들에게 나누어 준다.

9) 지화(紙花)

오색종이로 만든 지화(紙花)는 굿상을 장식하는 기능을 가진다. 또한 꽃노래거리에서는 무녀(巫女)가 이 종이꽃을 들고 춤을 춘다.

별신굿에 사용하는 지화는 제작자에 따라, 굿에 따라 약간씩 다르기도 하지만, 대개 살재비·국화·연꽃·목단·다래화·작약화 등이다.

10) 초롱등

초롱등은 대나무 가지를 쪼개서 조그만한 직육면체의 골격을 만들고, 윗부분은 삼각형으로 뾰족하게 세운 다음 붉은 색종이를 오려서 붙여 만든 등(燈)이다. 아랫부분에는 오색색종이를 길게 늘어뜨린다.

초롱등은 경남의 별신구에서만 사용한다. 경북의 별신굿에서는 탑등을 사용하고 초롱등은 사용하지 않는다. 초롱등은 원래 오구굿에서 사요하던 것이다. 경남지방에서 초롱등은 이운맞이(영산맞이)거리에서 두명의 무녀(巫女)가 초롱등을 들고 춤을 출때 쓰인다. 경남지방에서 별신굿에 초롱등을 사용하는 이유는 이운맞이에 앞서 조상월래굿 때문이다. 조상월래굿은 오구굿을 따로 하지 못한 마을 주민들 중에 조상을 천도(遷度)하고 싶은 사람들이 조상상을 따로 차려놓고 천도굿을 하는 거리이다. 따라서 조상월래굿에서 천도굿을 했기 때문에, 망자의 극락길을 밝히기 위해 초롱등을 사용하는 것이다.

11) 탑등(塔燈)

탑등(塔燈)은 별신굿의 마지막날에 하는 이운맞이(경남지방)나 등노래(경북지방)거리에서 사용된다. 대나무살로 큰 정육면체를 두 개 만들고, 중간을 연결한다. 그 위에 오색의 종이를 붙이고, 양쪽 끝에는 수술을 단다.

무녀(巫女)는 이 등을 들고 춤을 추기도 하고, 제관들이나 마을 주민들의 등을 눌러주며 축원을 해 주기도 한다.

12) 용선(龍船)

대나무 가지를 이용하여 자그마한 배를 만들고, 오색의 종이를 오려서 붙인다음, 겉면에 용의 그림을 그려 붙인 것이다. 이 용선을 굿하는 기간 내내 굿당에 매달아 놓는다. 용선은 경남은 이운맞이 거리에서, 경북은 뱃노래 거리에서 사용하는데, 종이배에 무명천을 길게 늘여서 무녀(巫女)들과 마을 어민들이 천을 당겼다 놨다하며 뱃노래를 부른다. 용선은 원래 오구굿에서 망자가 저승 갈 때 타고 가는 배를 상징하는데, 이 배가 별신굿에도 쓰이는 이유는 부산 지방 별신굿 가운데 있는 조상월래굿 때문이다. 조상월래굿에서 천도를 받은 망자는 이 배를 타고 저승길을 간다고 한다.[46)]

---

46) 박경신·장휘주, 전게서, 60~69쪽.

〈사진 6〉 신대

〈사진 7〉 지화

〈사진 8〉 용선47)

7. 동해안 별신굿 춤의 특성

어업이 주된 생계였던 경상도 동해안 마을 주민들은 항만활동에 불리한 자연조건으로 인해 불가피하게 마을 공동체의 굿을 하여 안정과 풍어를 기원해야 했고, 이것은 동해안 별신굿 전승의 활성화에 큰 요인이 되고 있다. 현재에는 동해안 별신굿의 이러한 전통의미와 기능에 따라 경상도지방에서는 정기적인 굿이 연행될 뿐 아니라, 지방의 고유의 문화발전 및 전파를 위한 '축제'의 의미로 동해안별신굿은 재발견·재탄생되고 있다. 그러므로 '동해안별신굿'의 전통성 유지 및 예술성 부각을 위해서는 '무무(巫舞)'의 특성과 의미를 심도있게 연구할 필요가 있었다. 먼저 그동안 선행연구가 이루어지지 않았던 '무무(巫舞)'의 생성요인을 살펴보고, '무무(巫舞)'에 대한 춤과 춤사위 용어 정리가 전반적으로 잘 이루어졌다고 생각하는 연구자료를 검토하여 '무무(巫舞)'의 종류 및 춤사위 용어들을 정리해 보았다. 이러한 문헌조사연구는 동해안별신굿의 전수조교이자, 현장에서 동해안별신굿의 전승에 앞장서고 있는 김동언 무녀(巫女)의 증언을 토대로 수정 및 보완작업으로 완성되었다.

'무무(巫舞)'의 생성요인에 대해서는 지리적 특성으로 인해 동해안의 대표물고

47) <사진 6~8> 거의 모든 무구(巫具)는 김동열(김동언의 부군)이 직접 제작함.

이자 액운을 막아주는 명태의 의미로 인해 '어포춤', '명태 들고 추는 춤'이 유래되었을 것이며, 신라 지증왕(512)때 독도, 울릉도 영입을 비롯한 동해안 지역확보 및 진흥왕(522) 때 화랑도 설치 및 죽은 소년들을 애도하는 의미에서의 역사적 요인에 의해 '거무'춤이 유래되었을 것이다. 또한 동해안지역 장악 및 삼국통일 이후의 신라는 불교숭상정책 및 불교문화를 꽃피운 시기임으로 '바라춤', '중춤', '탑등과 대들고 추는 춤', '나비춤', '거령산춤' 등의 불교적 색채가 두드러지는 춤들이 발전되었을 것으로 추측할 수 있다. 여타의 굿에 비해 '동해안 별신굿'의 '무무(巫舞)'에 대한 선행연구는 많은 편이다. 그러나 동해안별신굿 '무무(巫舞)' 구성의 즉흥성과 상대성, 그리고 불확실한 기원 등은 춤사위 용어의 난립과 천편일률(千篇一律)적인 연구결과를 초래했다. 같은 동작일지라도 박자에 따라 다르게 제시되는 춤사위 용어와 예전에 비해 춤사위의 수가 축소되고, 춤이 가지는 현장성·일시성으로 인해 그 명맥을 이어오는데 어려움이 있다.

실제 현장에서도 굿판의 성격과 상황, 관객의 호응도 등의 환경적인 요인에 따라 가사 및 무무(巫舞)는 상대적으로 변화하는 즉흥성을 강하게 가지고 있었다. 가사와 가사 사이의 타악 장단에 맞춰 무무(巫舞)를 추며 주로 양사위 무관·갈매무관·돌머리 무관·손신무관 등이 사용되어진다. 돌머리 무관을 제외한 나머지 춤사위는 상체중심의 손동작이 주가 되는데 이것은 무가(巫歌)를 실행해야 함으로 제자리에서 움직여야 하는 공간이동의 한계로 인한 것이다. 선행연구에서 제시하는 모든 춤사위는 옛 어른들에게 구전되어 온 것이며, 박자에 따라 다르게 표기되거나, 거의 춤사위의 형태변화 및 형상 등에 있어 뚜렷한 특징이 없기 때문에 춤사위의 분류작업이 힘들다.

동해안별신굿의 무무(巫舞) 종류가 더욱 발전되어야 함에도 불구하고 종류의 손실 및 계승의 어려움을 겪고 있다는 것이다. 위에서 언급했듯이 무무(巫舞)의 즉흥성, 상대성, 현장성, 일시성 등의 특성과 함께, 비슷한 형태의 동작으로 인한 정확한 분류 및 기록 작업에서의 한계, 그리고 같은 동작임에도 불구하고 다르게 표기되고 있는 기존 선행 연구자료의 혼돈이 그 원인이라 할 수 있다.

또한 동해안 보존회의 내재적인 구성의 문제로는 김동언 이후 세습할 여무(女巫)가 없다는 것이다. 이수자 및 전수자가 되기 위해서는 남무(男巫)는 타악과 탈놀음을, 여무는 무무(巫舞)와 무가(巫歌)를 체득해야 하는데, 남무(男巫)는 김진환, 정연락 등의 신진 남무(男巫)들이 꾸준히 동해안 별신굿의 세습을 위해 활동하고 있지만 신진 여무(女巫)는 없는 상태이다. 이러한 신진 여무(男巫)의 부재 역시 동해안 별신굿 무무(巫舞)의 발전을 저해하는 요인이 될 것이다.

굿은 인류 역사상 가장 오래 지속된 종합예술이라 할 수 있다. 특히 예술사적 측면에서 강신무의 굿보다 세습무의 굿이 더욱 주목의 대상이 되는 것은 대대로 내려오는 절차나 사설에 다음 세대가 새로운 부분이나 내용을 첨가하고 가다듬어서 점점 더 높은 예술성을 확보하기 때문이다. 그 중 중요무형문화재로 지정된 동해안별신굿은 무무(巫舞)의 중요성은 높으나, 전통보존에 있어서는 무구(巫具)·무악(巫樂)·무복(巫服)에 비해 많은 어려움을 가지고 있다. 이것은 곧 동해안 별신굿의 무무(巫舞)의 예술성 발전에 저해요소임으로 제의식 절차 분석을 통하여 무무(巫舞) 동작의 정확한 기록 작업이 우선시 되어야 할 것이다. 한국전통춤사위로서의 규명방향 및 규명작업에 본 연구가 단초가 되길 바라며, 무용학도들은 우리춤의 전통화 연구에 긍지와 책임감을 가지고 끊임없이 연구해야 할 것이다.

참고문헌

강정식, 「동해안 별신굿의 공연공간에 대한 연구」, 중앙대학교석사학위논문, 2006.

강혜숙, 「황해도 굿춤에 대한 연구」『한국무용연구회』3집, 1984.

권삼문, 『동해안어촌의 민속학적 이해』, 민속원, 2001.

김진양, 「부산지역의 동해안별신굿에 나타난 춤에 관한 연구」, 중앙대학교석사학위논문, 2004.

김은정, 「망자천도굿에서 상징하는 무복(巫服)의 특성」『한국복식학회지』, 2003.

김은경, 『한국민속무용연구』, 형설출판사, 1983.

김윤지, 「동해안별신굿 춤사위의 생성요인에 관한 연구」 『우리춤연구3집』, 2006.

박경신·장휘주, 『동해안별신굿』, 화산문화, 2002.

박경련, 「한국무용의 생성에 관한 연구」, 숙명여자대학교석사학위논문, 1986.

박숙진, 「동해안별신굿에 의례의 사회적기능에 관한 연구」, 동아대학교석사학위논문, 2006.

조연남, 『동해안세습무의 굿 전승방식과 창조적 연행능력』, 안동대학교석사학위논문, 2005.

장휘주, 「경남·경북 동해안 무가 비교연구」, 서울대학교박사학위논문, 2002.

정병삼, 「신라중대로의재편성」『8세기 신라의 불교사상과 문화』, 동국대신라문화연구소, 2005.

정병호, 『무무(巫舞)』, 문화재연구소, 1987.

오선희, 「동·서해안의 무속춤 비교연구」, 중앙대학교석사학위논문, 1996.

윤동환, 「연행예술로서 동해안 굿의 변화양상과변화요인」, 안동대학교석사학위논문, 1999.

『한국민속종합조사보고서(경상남도 篇)』, 문화공보부 문화재관리국, 1972.

『한국민속종합조사보고서(경상북도 篇)』, 문화공보부 문화재관리국, 1974.

한양명, 「민속예술의 신명에 관한 몇 가지 생각들」『안동대학원민속학과민속예술연구강좌발표문』, 1999.

최길성, 『한국무속의 연구』, 아세아문화사, 1978.

* 부록

(1) 동해안 별신굿 무계도

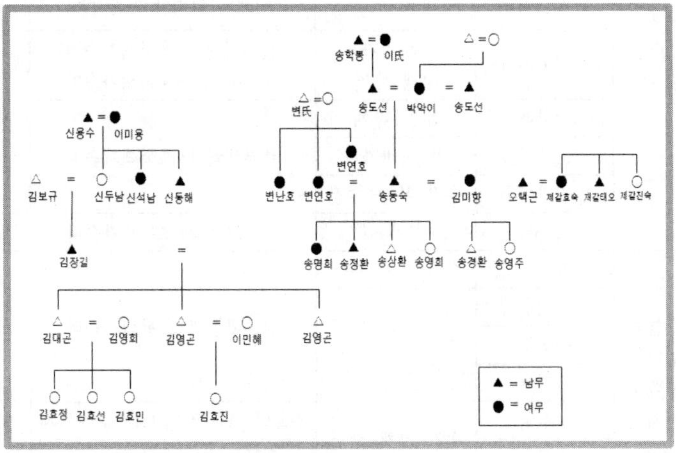

〈송동숙 무계도〉[48]

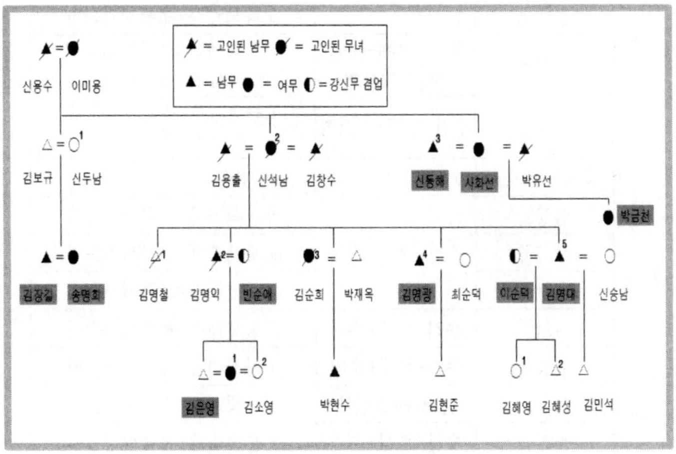

〈신석남 무계도〉[49]

---

48) 윤동환, 전게서.

49) 조연남, 전게서.

(2) 동해안 별신굿 연행구조의 변화

<table>
<tr><th>구분</th><th>거리</th><th>무구(巫具)</th><th>무복(巫服)</th><th>제장</th><th>장단</th></tr>
<tr><td rowspan="7">1. 청신
: 신내림을 받아서 굿당까지 모셔오는 과정</td><td>굿장모집굿</td><td rowspan="2">수건+부채</td><td rowspan="2">푸른색쾌자+초록색띠+
흰색의 화려한 화관착용</td><td rowspan="2">실내</td><td rowspan="26">푸너리
거무</td></tr>
<tr><td>막장모집굿</td></tr>
<tr><td>골맥이할매당굿</td><td>신칼+바가지
부채+수건</td><td>검은색쾌자+초록색가슴띠
푸른색쾌자+초록색가슴띠</td><td rowspan="4">실외</td></tr>
<tr><td>골맥이할배당굿</td><td>수건+부채</td><td rowspan="3">푸른색쾌자+초록색가슴띠</td></tr>
<tr><td>장군당굿</td><td>신칼+바가지</td></tr>
<tr><td>일월맞이굿</td><td>수건·부채+수건</td></tr>
<tr><td>문굿</td><td>수건·부채+손님대</td><td>짙은고동색+초록색가슴띠</td><td>실내</td></tr>
<tr><td rowspan="19">2.오신
: 모셔온 신들을 즐겁게 놀린다는 뜻, 청신 후에서부터 송신까지의 모든 과정 포함.</td><td>가망굿</td><td>수건·부채+수건</td><td rowspan="4">짙은고동색+초록색가슴띠</td><td rowspan="19">실내</td></tr>
<tr><td>제석굿</td><td rowspan="8">수건·부채+수건</td></tr>
<tr><td>군웅굿</td></tr>
<tr><td>부인굿</td></tr>
<tr><td>성주굿</td><td>초록색상위+푸른쾌자+검은색 갓</td></tr>
<tr><td>손님굿</td><td>푸른색쾌자+초록색가슴띠</td></tr>
<tr><td>황제굿</td><td>고동색쾌자+초록색가슴띠</td></tr>
<tr><td>대왕굿</td><td>푸른색쾌자+초록색가슴띠</td></tr>
<tr><td>걸립굿</td><td>고동색쾌자+초록색가슴띠</td></tr>
<tr><td>대신굿</td><td>수건·부채+수건
신칼+작은컵</td><td>초록색상위+푸른쾌자
+검은색 갓</td></tr>
<tr><td>세존굿</td><td>수건·부채+흰고깔</td><td>고동색쾌자+초록색가슴띠,
원삼착용</td></tr>
<tr><td>중도독잡이굿</td><td colspan="2">곤반형식</td></tr>
<tr><td>심청굿</td><td rowspan="3">수건·부채+수건</td><td>푸른색쾌자+초록색가슴띠</td></tr>
<tr><td>산신굿</td><td>고동색쾌자+초록색가슴띠</td></tr>
<tr><td>용왕굿</td><td>푸른색쾌자+초록색가슴띠</td></tr>
<tr><td>지신굿</td><td>수건·부채+수건</td><td>고동색쾌자+초록색가슴띠</td></tr>
<tr><td>천왕굿</td><td>수건·부채+수건</td><td>고동색쾌자+초록색가슴띠</td></tr>
<tr><td>놋동이장수굿</td><td>손님대+손님대</td><td>푸른색쾌자+초록색가슴띠</td></tr>
<tr><td>월래굿</td><td>수건·부채+수건</td><td>푸른색쾌자+초록색가슴띠</td></tr>
<tr><td>3.송신
: 모셔온 신들을 즐겁게 놀린 후 무사히 돌아가게 하는 절차</td><td colspan="5">곤반형식: 거리굿의 구체적 거리들 -훈장거리, 과거거리, 관례거리, 골맥이할매거리, 골맥이할배거리, 봉사거리, 어부거리, 머구리거리, 해산거리</td></tr>
</table>

불모산영산재

1. 개요

불교의식을 총칭하여 재(齋)라고 말하는데, 이때 재는 '베풀다'. '공양 올린다', '베풀어 설한다'는 의미이다. 불교의식 전체를 재라고 보는 것은 살아있는 자, 죽은 자 등 모든 중생(衆生)에게 부처님의 불법을 베풀어 일체 중생이 깨달음을 통해 성불할 수 있도록 일러주는 의식의 총칭으로서의 의미이다.[1]

의식은 전문(專門)의식과 일용(日用)의식으로 나눌 수 있으며, 전문의식은 상주권공재(常住勸公齋), 각배재(各拜齋), 영산재(靈山齋), 생전예수재(生前豫修齋), 수륙재(水陸齋) 등 범패와 작법의 전문적 기능(機能)을 갖춘 어산(魚山)스님[2]에 의해 진행되는 의식을 말하며, 일용의식은 일반 불자나 스님들에 의해 안채비 중심의 평염불로 일상생활에 행하여지는 의식이다.[3] 각 재의 진행은 범패(梵唄)와 작법무(作法舞)로 구성되어 진행된다.

한국의 범패는 진감국사 이전에도 있었다는 사실에 대해 삼국유사의 월명사(月明師) 도솔가에서 엿볼 수 있고, 또한 일본승 자각대사(慈覺大師) 원인(圓仁:794~864)의 『입당구법순례행기(入堂求法巡禮行記)』에서 그는 적산에서 불리는 범

1) 법현, 『불교무용』, 운주사, 2002, 87쪽.

2) 범패를 전문적으로 배운 스님이나 범패의 최고 스님을 지칭.

3) 법현, 전게서, 2002, 22~23쪽.

패가 당풍(唐風), 향풍(鄕風:신라풍), 일본풍(당 이전에 한반도를 거쳐 일본으로 건너간 고풍(古風)) 이렇게 세 종류의 범패가 불리고 있음을 보여주고 있는데 이로 미루어 범패가 오래전부터 불리어졌음을 알 수 있고 삼국의 불교는 각종 문화유산에서 그 발달의 정도를 찾아 볼 수 있다.[4)]

1911년 조선총독부사찰령으로 면면히 이어 내려왔던 전통적 불교의례 범패나 작법무의 금지, 해방 후 불교분쟁과 더불어 염불승(念佛僧)에 대한 등한시 등으로 인해 쇠퇴의 일로를 걸었다.[5)] 다행히 해방 이후 몇몇 스님들에 의해서 맥이 이어지다가 국가의 문화재 보호정책 일환으로 1973년 불교음악 범패가 무형문화재로 지정되었다. 이 후 1987년 11월에 범패·작법무·장엄 세 종목이 묶여 서울 신촌 소재의 봉원사 영산재가 무형문화재 50호로 지정되어, 감로탱화의 모습 형태로 전승되고 있다.

영산재는 범패와 작법무 그리고 도량장엄(道場莊嚴) 등 종합예술 형식을 갖추어 봉행되는 불교 의식예술의 백미라 할 수 있다. 1일 권공(勸供) 3일 영산(靈山)이라고 하는 영산재는 3일 동안 진행된 것으로 규모가 큰 재의식(齋儀式)이다. 현재에는 시간과 경제적 부담, 그리고 3일간 영산재를 봉행할 수 있는 범패와 작법무에 능한 어장(魚丈)스님이 부족한 이유로 하루 정도로 축소해서 시연하고 있다.

영산(靈山)재의 영산은 영산회상(靈山會上)의 줄인 말로, '석가모니 부처님께서 영취산에 계시며 설법(說法)하시던 때의 모임을 말한다. 영산재는 이 법회(法會)에 동참한 모든 청문중(聽聞衆), 외호중(外護衆)이 환희심을 일으키고, 시방[十方]의 제석천왕과 수많은 보살, 시중 등이 운집하여 부처님의 설법을 듣고 환희했으며, 하늘에는 만다라 꽃이 날리고 묘음보살(妙音菩薩) 및 천동천녀(天童天女)가 내려와 꽃과 향, 기악과 가무로써 공양'하였던 당시의 광경을 상징화한 의식이다.[6)] 이러한 영산재는 영혼 천도의식으로서 죽은 사람을 극락세계로 왕생시켜 생

4) 법현, 『영산재연구』, 운주사, 1997, 28~29쪽.

5) 법현, 전게서, 1997, 20쪽.

6) 법현, 전게서, 2002, 139쪽.

사윤회의 고통을 면하게 하고자 죽은 자에 대한 산 자의 선행공덕이라 말할 수 있다.

영산재의 의식절차는 크게 불보살 및 신중, 영가 등을 보셔오는 봉청(奉請)의식, 불보살에게 금일(今日) 재에 대한 취지를 밝히는 권공의식, 영혼들에게 권공 후 영가, 불보살, 신중(神衆) 등을 봉송(奉送)하는 회향(廻向)의식으로 나누어 볼 수 있으며, 세부적인 의식절차는 지역마다 차이를 보이고 있다.

현재 영산재는 무형문화재 제 50호 영산재(서울지역)를 중심으로 인천과 영남, 전북지역에서 지방무형문화재로 채택되어 계승되고 있다.

시도 무형문화재 제22호로 지정된 불모산영산재는 불모산 일대의 사찰을 중심으로 행해지는 불교의식으로서 경상도를 중심으로 하는 아랫녘소리로 이루어지는 범패와 그 범패에 맞추어 행해지는 작법무(바라무, 일반작법무, 법고무)로 구성된 영산재의 한 갈래이다.

지역별 영산재는 불교의식(영혼천도)으로서 큰 줄기는 같지만, 각 지역마다 역사성, 상징성 등에 독특한 특색을 갖고 있기 때문에 지역문화와 연관시켜 연구할 가치가 있다. 발표된 대부분의 영산재 연구가 서울지역 봉원사 영산재에 치우쳐 지방 영산재에 관한 연구는 매우 미흡한 실정이다. 근래에 와서 지방 영산재의 보존가치를 중요히 여기는 여러 학자들에 의해 기록 작업이 활발하며, 양효순(2005), 최우정(2007) 등 지역적 특색에 따른 세분화된 비교연구도 시도되고 있다.

본고에서는 불모산 영산재의 전승관계, 작법무의 분석 및 특징, 반주음악, 무구(巫具)와 무복(巫服)에 대해 상세히 조사하여 불모산 영산재만의 특성을 규명하고 그것을 통해 영남지역의 지역 문화와 연관시켜 보고자 한다.

조사 방법은 선행연구를 중심으로 문헌 자료를 수집ㆍ분석하고, 현 불모산 영산재 보존회(소재지: 마산시 백운사)에서 제공받은 문화재 자료와 사진, 그리고 2005년 5월 27일 마산 종합운동장내 실내체육관에서 거행된 불모산 영산재 기록 보존을 위한 영상 일부분을 DVD자료로 활용하였다. 모든 조사는 불모산 영산재 보존회의 어장스님이신 석봉스님의 증언을 바탕으로 객관적인 입장에서 자료를 수집·분석하였다.

2. 전승관계

한국의 범패는 서울 중심소리, 전라도 중심소리, 부산 중심소리, 충청도 중심소리, 쌍계사·화엄사 중심소리 등으로 세분화되기도 하지만 크게 서울과 경기도를 중심으로 하는 윗녘소리와 경상도와 부산을 중심으로 하는 아랫녘 소리로 분류된다.

우담스님께서 어렸을 적 통영 용화사의 연파스님 밑에서 범패를 배웠는데 그때 해담스님, 보월스님이 함께 범패를 배웠다. 세 사람 모두 범패를 잘해서 보월스님은 진주로 나갔고, 해담스님은 고성에, 우담스님은 창원 성주사에 자리를 잡게 되었다. 그 후 우담스님은 성주사와 장유암을 오가며 범패를 했으니 김해, 마산, 창원 지역에서는 우담스님이 활약을 하였고 통영, 고성 쪽으로는 해담스님이, 진주, 서부 경남 쪽으로는 보월스님이 활약을 하셨다.

석봉스님의 스승이셨던 명해스님은 우담스님의 제자로 그 밑에서 범패를 배웠으나, 명해스님은 범패를 자주 안하다보니 많이 잊어버리게 되어서 제자인 석봉스님을 해담스님에게 보내게 되었다. 그리하여 석봉스님은 명해스님과 해담스님께 작법을 배웠고, 범패는 주로 해담스님 밑에서 배웠다. 국내 작법무 중에서는 통영작법을 가장 알아주었는데 작법의 춤사위가 매우 다양하다. 서울지역에서는 도량게작법과 다게작법을 주로 추었는데 두 작법의 춤사위가 대동소이한 반면 경남지역 작법무의 춤사위는 작법마다 다양한 춤사위가 전해지고 있다.[7)]

---

7) 석봉스님 인터뷰, 2007년 8월 5일, 마산 백운사

〈영남지역 범패와 작법무 주요 활동지역〉

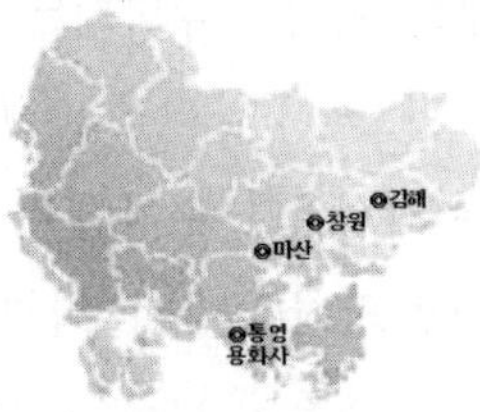		
우담스님	해담스님	보월스님

3. 불모산 영산재 작법무

1) 의식절차에 따른 작법무 구성

불교에서 행하는 재의식의 궁극적 목적은 부처님의 공덕을 찬탄하고 부처님의 가르침인 자비(慈悲), 해탈(解脫) 등을 마음에 새기면서 자신의 마음을 다시 한 번 돌아보아 공양함에 부끄러움이 없는 마음의 자세를 갖고 중생들을 구제하려고 하는 데 있다. 불교무용인 법의 목적도 근본적으로 이와 동일하다.

작법에는 두 가지 의미가 있는데 하나는 의식(儀式)과 재식(齋式)의 진행에 필요한 전반적인 절차와 규범을 뜻하고, 또 하나는 춤을 출 때의 규범을 의미한다. 따라서 같은 작법이라고 할지라도 재식절차의 형식인 경우로서 작법을 하는 승려의 행위나 행동을 말하고 춤으로써의 예술적 행위를 말하는 것이다.

이러한 작법은 그 자체로만 독립적으로 연희되는 것이 아니라 재의식의 사이사이에 각 춤의 성격과 역할에 따라 행해진다. 이것은 작법이 각각의 사상적 의미를 갖고 있기 때문이라고 생각된다. 작법은 불심을 언어나 문장으로 표현하기 어려울 때 이것을 무용적 분위기로 전달할 수 있으며, 무용을 통하여 단조로움을 피하고 법회에 집중하도록 함으로서 불법을 쉽게 전달할 수 있다. 이것은 불교교화(敎化)의 한 방법으로 볼 수 있는데 무용에 의한 교화는 민중을 감성적으로 인도하는 한 방법으로써 민중교화에 큰 비중을 차지한다.[8)]

영산재의 의식절차는 앞서 밀했듯이 지역마다 차이를 보이는데, 불모산 영산재의 경우 공양의식작법으로 타주무·나비무·법고무·바라무의 의식이 수반되는 식당작법이 생략되고 일부의식 역시 범패의 홋소리와 짓소리 13곡이 불리지 않고,[9] 옹호게 작법무의 소멸로 현재 괘불이운과 신중작법에서는 작법무가 추어지지 않고 있으며, 시련·관욕·신중작법·영산작법·각 청사·각단권공(상주권공)·삼회향에서만 작법무가 추어지고 있다.

〈불모산영산재와 서울 봉원사영산재의 의식절차에 따른 작법무 비교〉

불모산 영산재			봉원사 영산재	
순서	의식절차	작법무	의식절차	작법무
	들보례			
1	시련(侍輦)	다게작법	시련	요잡바라, 다게작법, 사방요신작법, 그경작법 후 법고
2	괘불이운(掛佛移運)		대령	
3	조전점안(造錢點眼)		관욕	관욕쇠바라, 화의재진언바라
4	용상방(龍象枋)		조전점안	요잡바라
5	대령(對靈)		신중작법	요잡바라
6	관욕(灌浴)	관욕게바라, 화의재바라	괘불이운	요잡바라, 다게작법, 사방요신작법
7	도량석 및 예불			
8	신중작법(神衆作法)	명바라	상단권공(上壇勸供)	향화청, 산화락 후 내림게바라, 천수바라, 사다라니바라, 삼귀의작법, 도량게작법, 다게작법, 향화게작법, 삼남태작법, 사방요신작법, 구원겁중작법, 욕건이, 정법계징언후옴남작법, 운심게작법, 창혼, 정례작법후법고무, 도량게작법 후 법고무

8) 김능화, 『한국의 불교무용』(서울: 한국불교무용연구소, 2002), 124쪽.

9) 최우정, 「중요 무형문화재 제50호 영산재 천수바라춤 연구-지방문화재 제 22호 마산 불모산 영산재 천수바라춤을 중심으로-」, 동국대학교 대학원, 2007, 25쪽.

불모산 영산재			봉원사 영산재	
순서	의식절차	작법무	의식절차	작법무
9	영산작법	삼귀의 작법, 천수바라	식당(食堂)작법	요잡바라, 자귀의불작법, 사방요신작법, 오관게후 법고무
10	각 청사	요잡바라	운수(雲水) 상단권공 (소청상위)	천수바라, 사다라니바라, 요잡바라, 내림게바라, 정례작법, 도량게작법, 다게작법, 삼남태작법, 오공양작법, 사방요신작법, 지옥고작법
11	설주이운		중단(中壇)권공 (소청중위)	내림게바라, 요잡바라, 사다라니바라, 모란찬작법, 오공양작법, 사방요신작법
12	화청(和請)		신중퇴공 (神衆退供)	
13	각단(各壇) 권공	다게작법, 오공양작법, 운심게작법, 요잡바라, 사다라니바라	관음시식 (觀音施食)	
14	축원(祝願)		봉송(奉送)	
15	시식(施食)			
16	배송			
17	삼회향	법고무		
	날보례			

불모산 영산재에서는 타주무의 작법이 전해지지 않고 있으며, 재의식에서 타주무를 수행하지 않는다.

2) 작법무의 분석 및 특징

(1) 일반작법무

한국불교사상은 불교의 발생지인 인도나 중국에서 추구하는 개개인의 해탈과는 다른 중요한 한국전통 불교만의 사상적 측면을 지니고 있다. 이는 다름 아닌 한국불교는 개개인의 해탈보다는 속세의 고통 받는 많은 이들을 포교와 불교사상 전파를 통해서 구원하고자 하는 이념을 가지고 있기 때문이다. 이러한 한국불교 사상을 가장 잘 표현하는 대표적이 불교의식무가 다름 아닌 나비무이다.[10)]

불모산영산재에서는 나비무라는 용어 대신에 일반작법무라는 용어를 사용하며, 유형별로 일반작법무·바라무·법고무로 구분하고 있다. 또한 영남지역은 오래전부터 학의 장수·깨끗함 등을 높이 여겨 작법무를 학춤에 비유하였으며, 작법무를 하는 스님들을 가리켜 "스님이 학춤을 춘다"라는 말을 하곤 하였다.

일반작법무의 고깔에는 두 마리 학이 꽃을 물고 나르는 모습이 수로 놓아져 있으며 춤사위는 이를 반영하듯 학의 움직임을 상징적으로 형상화한 것이다. 소매가 넓은 장삼은 학의 날개가 큰 것을 모방한 것으로 움직이거나 날리더라도 구겨지거나 접히지 않도록 옷감을 모시로 지었으며, 학 날개(장삼소매)가 휘청대지 않도록 모시에 빳빳하게 풀을 먹여 착복하였다.

한편 전북지역에서는 춤을 출 때 움직이는 장삼의 소매모양이 잉어의 지느러미가 물속에서 유유히 움직이는 모양과 같다고 하여 어산(魚山)춤이라고 하며, 춤사위 또한 잉어의 움직임을 상징적으로 형상화하고 있다.

〈지역별 영산재 나비춤의 춤사위 상징 비교〉

지 역	서울 · 경기 · 충청	영남	전북
상징성	나비	학	물고기(잉어)

작법무를 수행함에 있어서 몸의 중심은 하단전에 두어야 하며, 움직임은 숨과 일치해야 한다. 작법무의 발동작은 경쾌하여 마치 학이 사뿐히 날 듯, 혹은 천상의 선녀가 구름 위를 걷듯이 움직여야 한다. 양팔은 뻗어서 어깨보다 조금 높게 올려 연꽃과 함께 산(山)자를 이루어야 하며 양손을 오므릴 때나 마주 칠 때 배꼽 밑으로 내려가게 해서는 안 된다. 요신을 할 때에는 앉고 일어서는 흐름이 끊

10) 안소연, 『영산재 나비춤 춤사위에 관한 연구』, 이화여대대학원, 2001, 38쪽.

어짐 없이 깊어야 한다. 발 디딤에 있어서는 경쾌하면서도 무게감이 있어서 그 움직임이 경박하지 않아야 한다. 시선은 코끝을 바라보아야하고 발은 기본적으로 정(丁)자로 딛고 꽃을 모아 펼칠 때는 팔(八)자로 딛는다. 정(丁)자를 이루는 것은 정직함과 선행의 의미가 담겨져 있고, 모든 춤사위가 세 번으로 이루어지는 것은 불·법·승 삼보에 귀의함을 상징하는 것이다. 회전할 때에는 너무 빠르지 않게 차분하게 끌어야 하며, 이동할 때에는 지(之)자 형태로 움직여야 한다. 모든 동작은 무념무상(無念無想)하여 유연하면서도 장중하고 고요하면서도 생명력이 있는 정(靜)·중(中)·동(動)의 원리로 추어져야 한다. 일반작법무에는 삼귀의(三歸依)작법, 다게(茶偈)작법·운심게(運心偈)작법·오공양(五供養)작법·요잡작법이 있다.

불모산 영산재가 문화재로 지정되기 이전에는 삼귀의 작법을 주로 추었고, 문화재로 지정된 후 석봉스님께서 그동안 많이 추지 않던 운심게작법을 체계화하여 제자들에게 전수하였는데 현재는 운심게작법의 춤사위와 범패에 대한 평이 좋으며 보존회에서도 일반작법무에서 운심게작법을 가장 높게 평가하며 춤사위에 대한 남다른 자부심을 갖고 있다. 운심게작법은 짓소리로 진행되며, 한국춤 특유의 애한이 담겨 있는데 예를 들어 엎드려 바닥을 쓸듯 좌우로 꽃을 일렁거리는 춤사위는 마치 살풀이춤에서 바닥에 있는 수건을 주워 감싸는 모습과 흡사하다.

요즘에는 작법에도 정해진 시간 안에 행해지다 보니까 생략되는 부분이 많이 있다. 예를 들어 다게작법에서 "청정명다약, 능제병혼침"과 같이 범패와 작법이 똑같은 경우 하나를 생략하여 현재는 "청정명다약"만 행하고 있으며, 삼귀의작법의 경우도 "삼각원", "만덕구" 다음으로 "천인아"와 "아아훔 범성 대자부"에 춤사위가 있음에도 불구하고 겹쳐지는 부분이기 때문에 생략되고 있다.

일반작법무는 시작하기 전에 먼저 부처님께 예를 갖추는 동작을 한 뒤 앉은 상태에서 작법하는 스님이 반 짓소리로 종두스님을 찾는다. "종두스님 계십시오" 어장스님이 반 짓소리로 "게 누구시오" 라고 답을 하고, 작법하는 스님들은 각자 일어서서 서로 마주보고 선다. 기존의 연구 자료에서는 이를 연극적 요소라고 밝힌 바 있지만 이는 연극적 요소라기보다는 스님들께서 재(齋)에서 모아진 불전을

좀 더 많이 받으려는 일종의 해학이며 장난스러움에서 발생된 것이다.[11)]

① 삼귀의(三歸依) 작법무

삼귀의 작법무는 불법에 귀의함으로써 지옥, 아귀, 축생의 고통으로부터 벗어날 수 있다는 내용을 함축하고 있으며,[12)] 2인이 1쌍을 이루어 서로 오가며 추는 것이 특징이다.

작법의 의미를 살펴보면 다음과 같다.

첫째, 불전으로 한 바퀴 도는 것은 불보살님께 고하고 사부대중에게 알리는 것.

둘째, 꽃을 수평으로 왔다 갔다 하는 동작은 학이 앉을 자리를 찾는 것이며,

셋째, 세 번 올리고, 세 번 내리는 동작은 학이 나르는 모습을 상징한 것이며,

넷째, 반 바퀴 돌면서 등을 맞대는 동작은 학이 먹이를 취하기 위함이며,

다섯째, 스님들이 꿈틀거리며 다시 돌아오는 동작은 학이 날아서 보금자리로 찾아오는 것이며,

여섯째, 서로 왔다 갔다 하는 동작은 대중들의 업을 소멸하고 즐거움에 찬탄하는 의미가 있다.

일곱째, 요잡에 맞추어 추는 여러 가지 동작은 부처님께서 영취산에서 법을 설하실 적에 모든 대중들이 부처님 법을 경청하고 있는 자리에 천상에 나르는 학들까지 춤을 추며 부처님 법을 찬탄하고 또한 꽃을 물어다가 부처님께 공양을 올렸다는 의미이다.

여덟째, 삼귀의작법에서 대중스님들이 모두 큰 원으로 돌게 되는데 이것은 영

---

11) 석봉스님 인터뷰, 2007년 8월 5일, 마산 백운사.
현재에는 재(齋)를 지낼 때 불전을 미리 정해 놓고 했지만 예전에는 그렇지 않았다고 한다. 재(齋)가 끝난 후 어장스님을 비롯하여 참여한 스님들을 상중하로 나누어 불전을 주었기 때문에 무(舞)를 시작하기 전에 종두스님(총 진행스님)을 찾는 것은 미리 녹전(綠錢:높은 돈)을 놓아 달라는 의미이다. 서울지역에서는 이러한 풍습을 찾아 볼 수 없으며 가난했던 시절 스님들의 생활고(生活苦)가 느껴지는 영남지방만의 특색이라 할 수 있다.

12) 양효순, 「영남 불모산 영산재와 전라북도 영산작법 비교연구」, 중앙대대학원, 2005, 20쪽.

가의 공덕을 찬미하고 부처의 설교를 찬덕(贊德)하는 의미이다.[13)]

삼귀의 작법무 게송의 내용은 다음과 같다.

삼각원 만덕구 천인아 조어사
아아훔 범성대자부
종진계 등응지 비화보 수궁아 삼제시 횡변시방처 진법뇌 명법고 광부아 권실교 아아훔
대개방편로
약귀의 능소멸 지옥고
약귀의 능소멸 아귀고
약귀의 능소멸 방생고

② 다게(茶偈) 작법무

다게는 불보살에게 차(茶)를 공양하는 의식절차로서 재의 진행시 시련과 상주권공에서 행해지며, 2인이 쌍으로 추는 것이 기본이다. 다게작법무의 동작은 왼쪽에서 시작해서 왼쪽으로 끝나며 차(茶)를 올려 3번 반복하여 공양함으로써 불·법·승 삼보에 귀의하는 의미를 지니고 있다. 일반작법무 중에서는 가장 기본적인 동작으로 구성되어 있으며 움직임과 멈춤에 있어서 흐름이 장중하고 유연한 것이 특징이다.

다게 작법무는 다음 같은 다게 게송에 맞추어 추어진다.

청정명다약
능제병혼침
유원제불(금강 또는 지장대성) 애강도량 수차공양
유원제법(범석 또는 도명무독) 애강도량 수차공양
유원제승(호법 또는 명부시왕) 애강도량 수차공양

③ 운심게(運心偈) 작법무

영산재에 임하는 사부대중 등이 신심을 내어 몸과 마음을 이바지하며 널리 불

---

13) 김태희, 「불모산 영산재 작법무 연구」, 신라대대학원, 2003, 22쪽.

보살님께 공양을 올리는 의미이다. 운심게 작법무는 처음부터 끝까지 꽃 머리를 한 번도 떨어뜨리지 않고 추며, 엎드려 좌우로 꽃을 일렁이는 동작이 특징적이다.

운심게작법무의 게송은 다음과 같다.

운심공양진언
원차향공변법계
보공무진삼보해
자비수공증선근
영법주세보불은
유원제불(금강 또는 지장대성) 애강도량 수차공양
유원제법(범석 또는 도명무독) 애강도량 수차공양
유원제승(호법 또는 명부시왕) 애강도량 수차공양

④ 오공양(五供養) 작법무

향(香)·등(燈)·다(茶)·과(果)·미(米)의 다섯 가지 제물을 정성스럽게 바쳐 찬탄, 예경하는 의미를 지니고 있으며, 다른 작법무에 바해 요신이 깊고 느린 것이 특징이다. 오공양 작법무의 게송은 다음과 같다.

상래가지 이흘변화무궁이차향수 특신배헌
향공양 연향공양 등공양 연등공양
다공양 선다공양 과공양 선과공양
미공양 향미공양
불사자비 수차공양
유원제불(금강 또는 지장대성) 애강도량 수차공양
유원제법(범석 또는 도명무독) 애강도량 수차공양
유원제승(호법 또는 명부시왕) 애강도량 수차공양

⑤ 요잡 작법무

요잡 작법무는 원래 의식절차에 따라 각기 일반 작법무가 행해질 때 마다 뒤에 따라 붙어 추어지는 것이나 요즘에는 축소되어 일반 작법무가 완전히 끝나는 시

점에서만 추어진다. 요잡 작법무는 범음성 없이 사물 및 기악반주에 맞추어 추어지며 장단의 변화가 돋보이는 작법무이다. 모든 동작은 3분박의 리듬에 맞추어 진행되고 좌우좌 방향으로 3번 요신하면서 어르는 동작과 지(之)로 3보 이동하는 동작이 끊어짐 없이 유연하게 연결되어 있으며, 특히 서로 등을 맞대고 동시에 나가고 들어오는 동작이 특징적이다.

다음은 불모산 나비무의 대표적 춤사위의 동작과 특징이다.

<table>
<tr><th>동 작 / 용 어</th><th>사진 및 동작설명</th></tr>
<tr><td rowspan="2">①
가슴 앞에 꽃 모으고 합장하는 동작

(모든 작법 공통동작)</td><td></td></tr>
<tr><td>작법하는 스님이 "삼" 자 소리를 반 짓소리로 지으며 발은 고무래 정자를 놓고 꽃은 가슴 위치에서 모아 우, 좌, 우로 몸을 틀고 가운데로 와서 팔을 펴며 요신을 한번하고, 두 번째 요신에서 서로 바깥방향으로 돌아서 부처님 쪽으로 앉는다. 앉은 상태에서 작법하는 스님이 반 짓소리로 종두스님을 찾는다. "종두스님 계십시오" 어장스님이 반 짓소리로 "게 누구시오" 라고 답을 하고, 작법하는 스님들은 각자 일어서서 서로 마주보고 선다.</td></tr>
</table>

동 작 용 어	사진 및 동작설명
② 좌, 우로 도는 동작 (삼귀의작법, 다게작법, 운심게작법 공통동작)	  
	오른발을 앞으로 내디디면서 오른손의 꽃봉오리를 앞으로 살짝 떨어뜨린다. 다시 꽃봉오리를 바로 세우면서 오른쪽으로 반 바퀴(한 바퀴) 돈 다음 꽃을 모아서 한 번 휘감아준다. (왼쪽 방향으로 똑같이 수행한다.)

<table>
<tr><th>동 작
용 어</th><th>사진 및 동작설명</th></tr>
<tr><td rowspan="2">③
양팔을 벌리고 좌, 우, 좌 방향으로 요신하면서 일렁거리는 동작

(모든 작법 공통동작)</td><td>

</td></tr>
<tr><td>양팔은 뻗어서 어깨보다 조금 높게 올려 연꽃과 함께 산(山)자를 이루어야 하며 양손을 오므릴 때나 마주 칠 때 배꼽 밑으로 내려가게 해서는 안 된다. 우, 좌, 우로 일렁거리고 오른쪽 뒤쪽으로 오른발을 옮기고 왼발을 끌어오면서 서로 등을 대고 앞으로 지(之)자로 왼발, 오른발, 왼발을 요신을 주며 걷는다.</td></tr>
</table>

<table>
<tr><th>동 작
용 어</th><th>사진 및 동작설명</th></tr>
<tr><td rowspan="2">④
이마위에 꽃을 모으고 우, 좌, 우(좌, 우, 좌)로 요신하는 동작

(요잡작법)</td><td>   </td></tr>
<tr><td>꽃을 모은 상태에서 요신을 하면서 꽃은 밑에서 위로 원을 그리는 동작을 두 번 하고 이마 앞에서 꽃 봉우리가 정면을 향하게 모은다.</td></tr>
</table>

동작 / 용어	사진 및 동작설명
⑤ 양 손의 꽃을 우, 좌로 일면서 앉는 동작 (요잡작법)	 오른쪽 옆으로 한걸음 건너가면서 양손의 꽃을 오른쪽 옆으로 떨어뜨린 다음 반대쪽으로 똑같이 반복한다. 다시 천천히 앉으면서 좌, 우, 좌, 우로 똑같이 반복한 다음 합장한다. (주의: 꽃을 떨어뜨릴 때 시선은 꽃의 반대쪽을 향한다.)

동 작 용 어	사진 및 동작설명
⑥ 상체 뒤로 젖히고 숙이는 동작 (운심게작법, 오공양작법 공통동작)	    상체를 뒤로 젖히면서 양팔을 벌린 다음 다시 그대로 상체를 앞으로 숙인다. 이 동작을 3번 반복한 다음 꽃을 모으고 합장한다.

동작 용어	사진 및 동작설명
⑦ 합장하고 절하는 동작 (모든 작법 공통동작)	   
	일반 작법무의 공통된 마지막 동작이다. 같은 동작을 서있는 상태에서 수행하기도 한다.

(2) 바라무

바라무는 불보살의 강림이나 의식도량의 옹호와 같은 내용을 북돋을 필요가 있을 때 추는데, 이 춤을 추고 있을 때는 여러 가지 진언을 염송(念誦)하게 된다.

화의재진언(化衣財眞言)·신묘장구(神妙章句)대다라니·사다라니 등이 그 대표적인 것이라 할 수 있다. 이것은 부처님을 찬탄하고 허공중생을 천도한다는 뜻에서 추어지는데, 잡귀가 의식도량에 침범하지 못하게 하고 선(善)의 뜻을 가진 영혼들에게 지혜를 깨우쳐 주며 또한 제불 보살과 작법도량을 수호해준 사방 금강신을 찬탄하는 춤이다.[14)]

바라무를 추기 위해서는 우선 엽전을 흰색 천으로 감싸서 가운데 구멍 난 부분에 고정시킨 다음 천을 밖으로 길게 빼내어 둥근 고리를 만든다. 그리하여 바라를 양손에 각기 하나씩 들고 고리에 손목을 끼워서 가운데 튀어 나온 부분을 손바닥으로 받쳐 들고 춘다.

불모산 영산재의 바라무는 다른 지역에 비해 춤사위가 다양하며 몸짓이 크고 회전이 많아 춤사위가 역동적이다. 바라를 올리거나 나리는 동작에서는 숨과 굴신이 함께 '척'하며 떨어뜨리기 때문에 바라의 넘김이 어깨 뒤로 훌쩍 넘어가며 배꼽 밑으로 툭 떨어지는 것처럼 보여지지만, 팔 안쪽(겨드랑)의 호흡을 놓지 않고 있기 때문에 팔꿈치는 어깨선 바로 밑에 고정되어 있으며 바라만 떨어뜨린다. 그 이유는 다른 지역과 차별되는 45cm 바라의 크기와 무게의 차이에서 볼 수 있다. 이렇게 큰 바라를 들고 추게 된 연유는 예전에는 바라를 기계가 아닌 장인이 수작업을 통해 만들었기 때문에 얇거나 가볍게 만들 수 있는 기술이 부족했다. 그러나 무거운 바라 덕분에 춤이 나르거나 경박하지 않고 자연스레 무게감을 갖게 되어 세월이 흘러도 45cm의 무거운 바라를 고집하는 것이다.

불모산 바라무에서는 타 지역에서 볼 수 없는 돌기동작(왼쪽돌기, 오른쪽돌기)과 붙여서 돌기동작이 있는데 돌기동작은 육중하면서도 부드러운 느낌을 준다.

14) 능화, 『한국의 불교무용』, 푸른세상, 2006, 124쪽.

특히 바라를 부딪쳐서 머리위로 실거 올릴 때 바라가 빙글빙글 돌아가는 점과 실거 올리거나 내릴 때 바라가 완전히 감기는 것이 특징이다. 그중 천수바라무는 다른 지역 바라무에서는 보기 힘든 바라 던져서 돌기 및 좌우 연속으로 붙여서 돌기 등 매우 화려하고 강렬한 동작이 많다.

바라무에는 천수바라, 사다라니바라, 명바라, 관욕쇠바라, 내림게바라, 화의재진언바라·요잡바라로 보통 총 7가지로 나뉘지만 불모산 바라무에는 천수바라·사다라니바라·명바라·관욕쇠바라·화의재진언바라, 요잡바라로 총 6가지만 진행된다.[15]

① 천수(千手)바라무

천수바라무는 천수다라니에 맞추어 추는 춤으로 재(齋)에 임하는 불공을 발원하고 법회를 찬탄하며 도량을 정리하는 의미로 추어진다.

천수바라무의 6동작을 살펴보면

첫째, 바라를 두 손 모아 올렸다 내리는 것은 불법승 삼보(三寶)에서 예배를 올리는 동작이며,

둘째, 바라를 갈라 올리는 동작은 육바라밀을 상징하는 의미가 있으며,

셋째, 도는 동작은 바라 끝이 날카로움에 여기 영산재에 동참한 사부대중(四部大衆)의 백팔번뇌(百八煩惱)를 끊는 의미가 있으며,

넷째, 실거 올리는 동작은 불법승 삼보와 더불어 모든 성현들을 찬탄하는 의미이며,

다섯째, 양손으로 굴러 올리는 동작은 일체공(一切空) 도리를 의미하는 뜻이 있으며, 여섯째, 발동작은 고무래 정(丁)자로서 이루어지며 정직함과 선행을 나타내는 의미가 담겨져 있다.[16]

---

15) 최우정, 전게서, 75쪽.

16) 김태희, 전게서, 21쪽.

② 사다라니바라무

사다라니는 태(胎)·란(卵)·습(濕)·화(火) 사생(四生)의 중생에게 공양을 베풀어주는 4가지 진언을 내용으로 하고 있으며, 변식진언·시감로수진언(施甘露水眞言)·일자수륜관진언(一字水輪觀眞言)·유해진언(乳海眞言)으로 모든 대중들에게 공양 들게 하고 이를 찬탄하여 사다라니 바라를 추었다. 이 바라의 특징은 실거서 올리고 가르고 하는 동작인데 이는 공양물을 찬탄하는 뜻이 있다.

③ 요잡바라무

요잡바라는 바라무의 기본으로 보통바라·번개바라라고도 불리우며, 제불(諸佛) 보살님 내지 일체 성현들을 청해 모실 적에 바라를 실거 올리며 찬탄하고 영접해 모시는 무(舞)이다. 요잡바라는 범음성 없이 사물 및 기악반주에 의해 진행된다.

④ 화의재(化依財)바라무

화의재란 종이로 만든 옷을 태워 법의(法衣:부처님의 깨달음의 법문으로 이루어진 옷)를 영혼에게 입히는 의식이다. 즉 해탈의 옷을 입은 영가(영혼)가 삼업(三業)을 말끔히 닦고, 불법(佛法)을 들을 마음과 자리가 모두 청정해졌음을 의미한다.[17)]

양 손에 바라를 들고 사선으로 편 바라를 연속해서 좌우로 도는 동작은 일체 유주무주(有主無主) 고혼들의 신구의(身口意) 삼업(三業)으로 지은 업적을 소멸하는 뜻이다.

화의재바라무는 화의재진언에 맞추어 진행되며 진언의 내용은 다음과 같다.

나무 사만다 못다남 옴 바자나 비로기제 사바하

17) 법현, 전게서, 2002, 58쪽.

⑤ 관욕게바라무

관욕게바라무는 일정한 박자에 맞춰 정해진 시점에서 사물을 울려 영가로 하여금 관욕에 임하게 하는데, 상향문에 들어서서 십바라밀의 법문을 연 다음 관욕에 임하여 영가의 업을 씻어내고 다시 하향문에서 중생제도를 발원하게 된다. 관욕게바라무는 이러한 과정 중에 관욕에 임할 때 추어진다.

관욕절차시 목욕진언에서 대중의 홋소리가 끝나고 나면 사물을 울리고, 이때 바라추는 스님은 관욕방 앞에 나가서 관욕쇠에 맞추어 관욕게바라무를 춘다. 관욕게바라무는 범음성 없이 사물 및 기악반주에 의해 추어진다.

⑥ 명바라무

명바라무는 본격적인 재의 시작이랄 수 있는 영산작법이 거행되기 전에 법요의 시작을 알리고 대중을 불러 모으기 위해 거행된다. 명바라는 동작이 대체로 단순하며, 2인이 마주서서 서로 지(之)로 비껴가면서 추는 것이 특징적이다. 명바라는 범음성 없이 사물 및 기악반주에 맞추어 진행된다.

바라무의 동작은 8가지의 동작으로 이루어지는데 팔정도(八正道)를 뜻하고 있다. 다음은 불모산 바라무의 8가지 대표적 춤사위에 대한 설명이다.

동 작 용 어	사진 및 동작설명
① 실거 올리는 동작 (실거 올렸다 내렸다 하는 동작)	     정면을 바라보고 실거 올릴 때 요신을 한번하고 완전히 실거 올렸을 때 다시 요신을 한다. 바라의 모양은 좌 바라가 뒤쪽으로 가고 우 바라가 앞쪽으로 비스듬히 마주 포개어져 있는 상태로 비비면서 실거 올리는데 완전히 실거 올렸을 때에는 좌 바라의 모양은 45도 정도의 각도로 비스듬히 머리위에 위치하고 우 바라의 모양은 어깨뒤쪽까지 완전히 떨어져야 한다. 실거 내릴때의 동작은 양쪽바라가 몸의 정면으로 내려오며 바라의 모양은 90도를 이루고 있다.

동 작 용 어	사진 및 동작설명
② 바라를 가르는 동작	
	바라를 머리 위쪽에서 교차하면서 가르는 동작으로 오른쪽 가르기와 왼쪽 가르기가 있다. 오른쪽 가르기는 바라가 머리 위에서 교차하면서 우 바라가 굴려서 앞쪽 가슴까지 내려오고 좌 바라가 굴려서 머리뒤쪽 어깨에 걸친다. 왼쪽 가르기는 오른쪽 가르기와 반대다.

동 작 / 용 어	사진 및 동작설명
③ 굴리기 동작	  양쪽바라 모두 가슴 앞쪽에서 부터 머리 뒤 어깨까지 똑같이 굴리는 동작으로 바라가 계속 굴러가는 모양이 나와야 한다.
④ 돌기동작 (왼쪽돌기, 오른쪽 돌기)	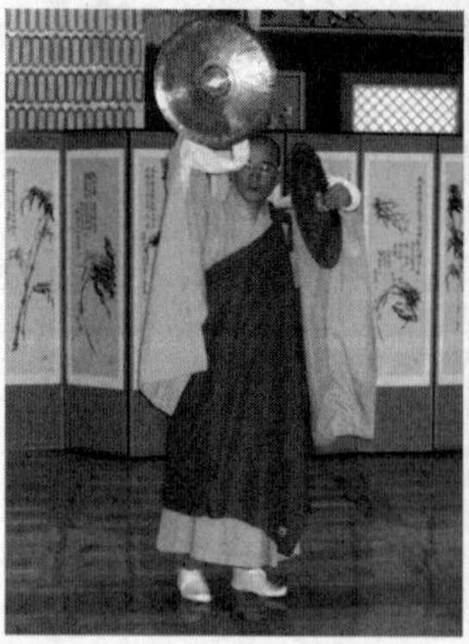 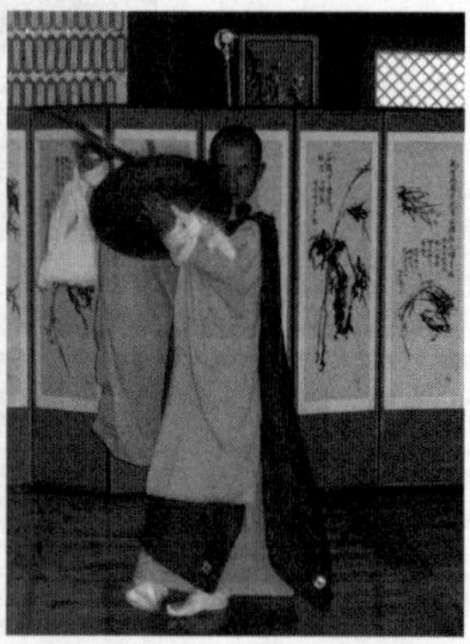

동 작 용 어	사진 및 동작설명
④ 돌기동작 (왼쪽돌기, 오른쪽 돌기)	  불모산영산재의 가장 특징적인 동작으로 양팔을 펴서 도는 동작인데 왼쪽돌기와 오른쪽돌기가 있다. 왼쪽돌기는 왼손은 밑에서부터 위로 원을 그리면서 가슴에서 모아지고 오른손은 머리위쪽에서 머물다가 아래로 원을 그리면서 내려와서 가슴에서 모아지는 동작이다. 오른쪽돌기는 왼쪽돌기와 반대다.
⑤ 실거서 돌기 동작	 양쪽 바라를 몸과 수평으로 가슴 부분에서 비스듬히 마주 포개어져 있는 상태로 조금씩 바라를 벌리면서 도는 동작으로 오른쪽 돌기만 있다.
⑥ 실거 올리면서 가르기 동작	비스듬히 마주 포개어져 있는 상태로 비비면서 실거올리고 머리 위쪽 부분에서 왼쪽 가르기와 오른쪽 가르기를 한다. (위의 사진(①,②) 참조)

<table>
<tr><th>동 작
용 어</th><th>사진 및 동작설명</th></tr>
<tr><td rowspan="2">⑦
실거 내리면서
던지기 동작</td><td></td></tr>
<tr><td>실거 내려서 오른쪽 위쪽으로 양쪽바라를 던져주는 동작이다.</td></tr>
<tr><td>⑧
발동작</td><td>발동작은 항상 고무래 정(丁)자를 만들고 오른쪽요신을 할 때는 오른쪽발이 무게중심이 되고 왼쪽 발은 발끝만 땅에 닫고 고무래 정(丁)자를 만든다. 왼쪽요신은 오른쪽과 반대다.</td></tr>
</table>

(3) 법고무

봉원사 법고무는 의식 사이사이에 바라무와 나비무가 끝난 후 진행되는 반면, 불모산 법고무는 영산재 마지막 순서로서 배송 후 소대의식이 끝난 후 어장스님 이하 사부대중들이 마당가운데 모여 삼회향을 봉행함에 있어 법고를 마당 가운데 두고 어장스님들이 법고 주위를 원을 지어 돌며 사물(광쇠, 태징, 목탁, 법고)과 태평소 소리에 맞추어 법고무를 추게 되는데, 중간 중간 어장스님들이 반 짓소리로 오방(동, 남, 서, 북, 중앙)의 세계와 오방의 부처님 명호를 되새기며 아하 훔 소리를 지으며(예: 동방 청유리세계 약사유리광불 아하 훔) 원을 그리고 가운데서 법고무를 춘다.

법고는 그 울림으로 해서 축생은 물론 영혼과 지옥 중생까지도 그 소리를 듣고 따라오게 하여 부처님께 제도하고자 하는 종교적 무구(巫具)이다.[18]

---

18) 이애경, 「영산재 작법 춤사위 연구」 「한국체육학회지」, 2000, 제 39-3, 1051쪽.

법고무는 1인이 혼자 추는 것이 기본이며 범음성 없이 단지 어장스님이 오방세계의 부처님 명호(예 : 동방 청유리세계 약사유리광불 아하 훔)를 중간중간 반짓소리로 지어가면서 진행한다. 법고무는 법고 앞에서만 춤이 행해지므로 연결동작은 회무(回舞)로 자연스럽게 이루어진다. 봉원사의 법고무가 정(靜), 중(中), 동(動)으로 진행된다면 불모산영산재 법고무는 처음에 홍고를 두드리다가 반주음악에 맞춰 느린 춤사위에서 빠른 춤사위로 전개되어 간다. 북 가락은 너무 세게 치지 않으며 법고를 어를 때에는 양 팔을 크게 펴서 장엄하게 움직인다. 특히 상체동작과 함께 한쪽 발을 번갈아 들어 올리며 회무(回舞)하는 춤사위가 여러 번 반복되는 것이 특징이다. 춤사위는 경건하면서도 역동적인 느낌을 준다.

다음은 불모산 법고무의 대표적 춤사위의 동작과 특징이다.

동 작 / 용 어	사진 및 동작설명
①	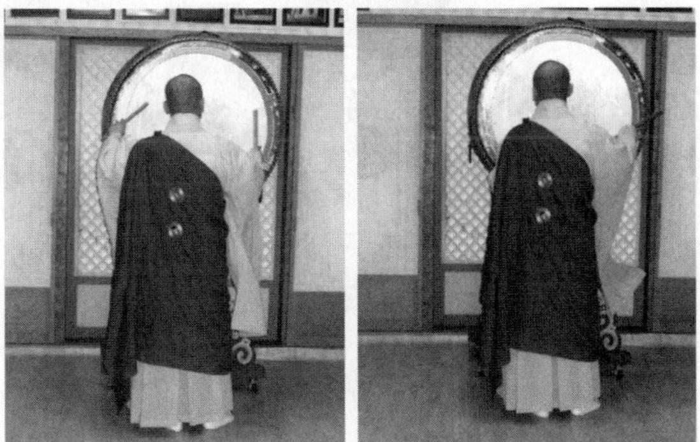
	북을 30초간 친(홍고) 후, 북채로 북 테두리를 위에서 아래로 3회 원을 그리며 실거 내린다.

동 작 / 용 어	사진 및 동작설명
②	  양 팔을 좌우로 휘둘러 감으며 요신한다.
③	   북 좌측을 바라보면서 북 안쪽 팔은 북에 대고 바깥 팔은 양쪽으로 흔들면서 양발을 번갈아 살짝 들어준다.

동작 / 용어	사진 및 동작설명
④	 
	북 정면에서 북을 한번 치고 뒤로 돌아서 한보 앞으로 갔다가 북 앞에서 뒤로 제쳐 북 끝을 기준 해서 북채로 원을 그린다.
⑤	 
	양팔을 양쪽으로 편 후 4-5회 돈 후 부처님을 향해 합장 인사 한다.

4. 반주음악

범음성은 의식절차 및 내용에 따른 각각의 게송이 불려지고, 사물 및 기악반주로는 광쇠·태징·법고·목탁을 중심으로 요령·바라·삼현육각·취타악 등의 악기가 사용된다.

불모산 영산재의 범음성은 사성(四聲) [평성 - 편안한 소리(애절하고 편안한 소리), 상성 - 높은 소리(울리고 끊게 하는 소리), 거성 - 길소리(맑고 멀리 퍼지는 소리), 착성 - 매는소리(바르게 끊는 소리)]으로 이루어져 있으며 "아"·"어"·"오"·"우"·"이"·"하" 여섯 음으로서 사성과 어울려 짓소리, 홋소리, 겹소리, 단소리, 긴소리 등으로 이루어지며 아주 구성지고 우렁차고 자비스러운 것이 특징이다.[19)]

반주악기로 사용되는 광쇠·태징·법고·목탁은 소사물(小四物)로서 이는 의식을 진행함에 있어 대사물(大四物)인 운판, 범종, 법고, 목어를 대신한다. 소사물 광쇠와 대사물 운판은 모든 허공중생(虛空衆生)을 제도하기 사용되고, 법고는 세간(世間:인간계)과 축생(畜生:짐승)의 제도를 위해 사용된다. 소사물 목탁과 대사물 목어(木魚)는 모든 수륙중생(水陸衆生)을 위해 사용된다.[20)] 그리고 바라는 바라무를 할 때 사용하기도 하지만 호적과 삼현육각과 함께 재(齋)의 진행시 음악 연주용으로도 사용된다.

불모산 영산재 작법무의 반주악기로 사용되는 광쇠는 가는 대나무를 지팡이 모양으로 구부려 그 끝에 꽹과리를 달아 사용하는데 이는 조선시대 감로탱화에 나오는 모양으로 현재 이런 형태의 광쇠는 다른 지방에서는 찾아볼 수 없다.

광쇠는 대사물 운판의 소사물로서 한때 두드리는 악기는 무당이 사용하는 것이라 해서 태징, 북 등과 함께 경시하였다. 영남지역에서는 해인사나 법무사, 통도사에 있던 스님들이 쫓겨 와서 함께 모여 살다보니 원래 광쇠를 치던 식이 계속 전해지게 되었고 서울 쪽은 큰 사찰이 많지 않고 따라서 큰 재(齋)가 없다 보니 북, 광쇠, 태징을 치지 않고 주로 목탁위주로 재를 진행하였다.

19) 김태희, 전게서, 18쪽.

20) 법현, 전게서, 2002, 35쪽.

그 후 1962년 불교재산관리법이 재정이 되고 불교가 체계를 잡아가면서 절에서도 재(齋)를 할 때 두드리는 악기의 필요성을 느끼게 되어 봉은사에 있던 영암스님께서 처음 태징을 치기 시작하여, 뒤따라 송암스님께서도 태징을 쳤다. 1976년 송암스님께서 범패로 무형문화재에 지정이 되고 그 후 작법무도 연구를 하게 되니 북도 치고 북가락도 자연히 연구하게 되었고, 그것이 지금까지 이어지게 된 것이다.

불모산 영산재 작법 중 범음성을 바탕으로 진행되는 작법에는 다게작법·삼귀의작법·운심게작법·오공양작법·천수바라·사다라니바라·화의재바라가 있으며[21], 사물 및 기악반주를 바탕으로 진행되는 작법에는 요잡바라·명바라·관욕게바라·법고무가 있다. 즉 대부분의 일반작법무는 범음성을 바탕으로 작법이 진행되며 법고무를 비롯한 몇몇 바라무는 사물 및 기악반주를 바탕으로 진행된다.

〈불모산 영산재 작법의 음악적 형식〉

음악적 형식	작법명
범음	다게작법·삼귀의작법·운심게작법·오공양작법·천수바라·사다라니바라·화의재바라
사물 및 기악	요잡작법·명바라·요잡바라·관욕게바라·법고무

6. 무복(巫服)과 무구(巫具)

(1) 일반작법무

일반작법무는 먼저 회색 또는 흰색 바지와 저고리를 입은 다음 빳빳하게 풀을

21) 양효순, 전게서, 23~24쪽.

먹인 모시소재의 소매가 넓은 백색장삼을 수하고 적색 가사를 두른 어깨 위로 각각 청색과 남색의 끈을 2개씩 내리고 그 위에 다시 황색 가사 끈을 4개씩 더 내림으로써 육수가사를이루게 되며, 황색 가사끈 4개를 십자모양으로 앞뒤로 묶어준다. 그리고 머리에는 고깔(=비로관)을 쓴다.

고깔은 불탑을 상징하는 비로관이라고도 하는데 약간 노란빛이 도는 황색으로 이루어져 있으며, 불모산영산재의 고깔에는 두 마리 학이 꽃을 물고 나르는 모습이 수놓아져 있다.

장삼과 가사는 합쳐서 오방색으로 구성되어 있는데 이는 오방에 계시는 불보살의 세계를 상징하고 있다. 흰색 장삼은 극락세계 아미타불을 상징하며 오방 중 서방(西方)을 의미한다. 적색가사는 환희세계 보승여래불을 상징하며 오방 중에 남방(南方)을 의미한다. 또한 가사는 장삼 앞과 뒤에 각각 청색과 흑색(또는 남색)의 끈을 2개씩 내리고 그 위에 다시 황색 가사 끈을 4개씩 더 내림으로써 육수가사를 이루게 되는데 6수 가운데 청색 가사 끈은 만월세계 약사유리광불을 상징하며 오방 중에 동방(東方)이다. 흑색 가사 끈은 무우세계 부동존불을 상징하며 오방 중에 북방(北方)이다. 황색 가사 끈은 화장세계 비로자나불을 상징하며 오방 중에 중방(中枋)이다.

황색 가사끈이 상징하는 화장세계는 화려하면서도 생(生)·사(死)·고(苦)가 없는 세계를 말하며 동·서·남·북 사방의 세계를 중방으로 끌어 모으는 역할을 한다. 따라서 가사를 수 할 때는 황색 가사 끈 4개를 십자모양으로 앞뒤로 묶어준다. 무구(巫具)로는 연꽃이 사용되는데 연꽃은 복잡하고 고달픈 중생세계를 정화시켜 해탈의 경지로 이끌고자 하는 의미로 사용된다.[22)]

무구(巫具)로 사용되는 연꽃은 전북지역 무구(巫具)와 비교해 보았을 때 두 배 정도의 크기이며, 색이 진한 것이 특징이다.

22) 양효순, 전게서, 38~39쪽.

〈불모산 일반 작법무의 무복(巫服)과 무구(巫具)〉

무복(巫服)	무구(巫具)
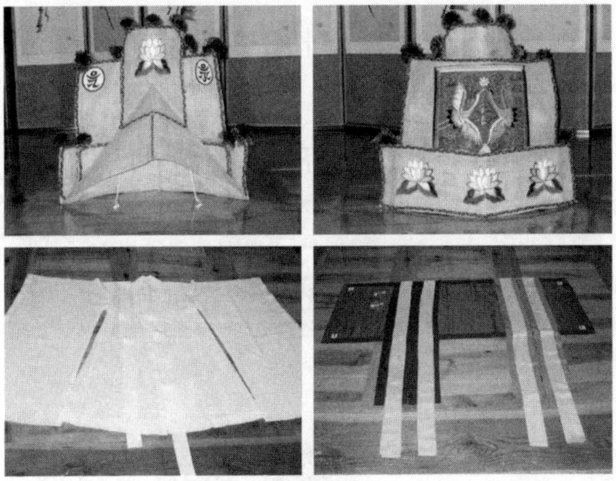	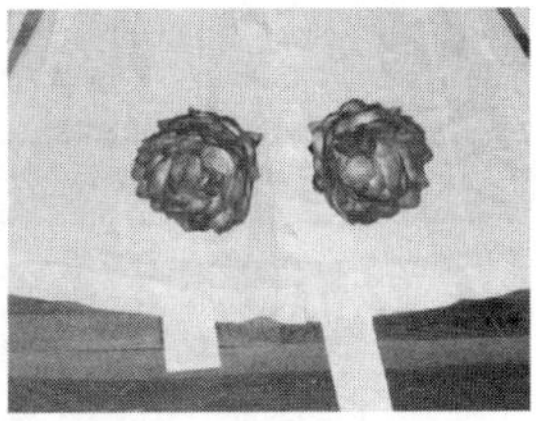

(2) 바라무

바라무의 무복(巫服)으로는 회색 장삼에 붉은 가사를 수하며 고깔은 따로 쓰지 않는다. 바라무의 무구(巫具)로 사용되는 바라는 동으로 만들었으며, 보통 지름이 약 36∼38cm정도 되는 것을 쓰나 불모산 바라무의 바라는 45cm로 크고 무거운 것을 사용한다. 한손에 하나씩 들고 서로 부딪쳐 소리를 내며 작법을 행한다.

〈불모산 바라무의 무복(巫服)과 무구(巫具)〉

무복(巫服)	무구(巫具)

(3) 법고무

법고무의 무복(巫服)은 바라무의 무복(巫服)과 동일하며 고깔은 따로 쓰지 않는다. 고정되어 있는 대고(큰북)을 무구(巫具)로 사용하며 양 손에는 북채를 든다.

〈불모산 법고무의 무복(巫服)과 무구(巫具)〉

무복(巫服)	무구(巫具)

7. 춤의 특성

본고에서는 영남지역의 대표적인 불교의식인 시도 무형문화재 제 22호 불모산 영산재를 대상으로 전승관계, 작법무 분석 및 특징, 반주음악, 무구(巫具)와 무복(巫服)에 대해 조사·연구하여, 불모산 영산재만의 특성을 규명하고 그것을 통해 영남지역의 지역 문화와 연관시켜 보고자 하였다.

연구 결과 문화재로 지정되어 계승·보존되고 있는 타 지역의 영산재와 구분되는 불모산영산재 만의 특성이 명확히 구분되었으며, 그 특성은 태동에서부터 지금에 이르기까지 지역 문화의 영향을 끊임없이 주고받으며 형성된 것으로 사료된다. 그러나 불모산 영산재는 사찰에서 스님들이 행하는 불교의식이라는 종교성을 가지고 있어 영남지역의 다양한 지역 문화적 특이성을 도출하기에는 한계가 있다.

그 내용을 정리하면 다음과 같다.

1) 춤사위 분석결과

첫째, 불모산영산재에서는 나비무라는 용어 대신에 일반작법무라는 용어를 사용하며, 유형별로 일반 작법무·바라무·법고무로 구분하고 있다. 또한 타주무가 수행되고 있지 않으며 별도의 무보 또한 전해지고 있지 않다.

둘째, 영남지역은 오래전부터 학의 장수, 깨끗함 등을 높이 여겨 작법무를 학춤에 비유하였으며, 춤사위는 학의 움직임을 상징적으로 형상화한 것이다.

셋째, 일반작법무를 시작하기 전에 먼저 부처님께 예를 갖추는 동작을 한 뒤 앉은 상태에서 작법하는 스님이 반 짓소리로 종두스님을 찾는다. "종두스님 계십시오" 어장스님이 반 짓소리로 "게 누구시오" 라고 답을 하고, 작법하는 스님들은 각자 일어서서 서로 마주보고 선다.

기존의 연구 자료에서는 이를 연극적 요소라고 밝힌바 있지만, 이는 연극적 요소라기보다는 스님들께서 재(齋)에서 모아진 불전을 좀 더 많이 받으려는 일종의 해학이며 장난스러움에서 발생된 것이다. 현재에는 재(齋)를 지낼 때 불전을 미리 정해 놓고 했지만 예전에는 그렇지 않았다고 한다. 재(齋)가 끝난 후 어장스님을 비롯하여 참여한 스님들을 상·중·하로 나누어 불전을 주었기 때문에 무(舞)를 시작하기 전에 종두스님(총 진행스님)을 찾는 것은 미리 녹전(綠錢:높은 돈)을 놓아 달라는 의미이다. 서울지역에서는 이러한 풍습을 찾아 볼 수 없으며 가난했던 시절 스님들의 생활고(生活苦)가 느껴지는 영남지역만의 특색이라 할 수 있다.

넷째, 불모산 바라무에서는 타 지역에서 볼 수 없는 돌기동작(왼쪽돌기, 오른쪽돌기)과 붙여서 돌기동작이 있는데 돌기동작은 육중하면서도 부드러운 느낌을 준다. 특히 바라를 부딪쳐서 머리위로 실거 올릴 때 바라가 빙글빙글 돌아가는 점과 실거 올리거나 내릴 때 바라가 완전히 감기는 것이 특징이다. 또한 천수바라무는 다른 지역 바라무에서는 보기 힘든 바라 던져서 돌기 및 좌우 연속으로 붙여서 돌기 등 매우 화려하고 강렬한 동작이 많다.

다섯째, 봉원사 법고무는 의식 사이사이에 바라무와 나비무가 끝난 후 진행되는 반면, 불모산 법고무는 배송(拜送)까지 모두 마친 후 마지막 삼회향 때 법고무가 진행된다.

춤의 진행은 처음에 어느 정도 홍고를 두드리다가 반주음악에 맞춰 느린 춤사위에서 빠른 춤사위로 전개되어 가며, 상체동작과 함께 한쪽 발을 번갈아 들어올리며 회무(回舞)하는 춤사위가 여러 번 반복되는 것이 특징이다.

2) 반주 음악 분석결과

첫째, 불모산 영산재의 범음성은 사성(四聲) [평성 - 편안한 소리(애절하고 편안한 소리), 상성 - 높은 소리(울리고 끊게 하는 소리), 거성 - 길소리(맑고 멀리 퍼지는 소리), 착성 - 매는소리(바르게 끊는 소리)]으로 이루어져 있으며 "아"·"어"·"오"·"우"·"이"·"하" 여섯 음으로서 사성과 어울려 짓소리, 홋소리, 겹소리, 단소리, 긴소리 등으로 이루어지며 아주 구성지고 우렁차고 자비스러운 것이 특징이다.

둘째, 불모산 영산재 작법무의 반주악기로 사용되는 광쇠는 가는 대나무를 지팡이 모양으로 구부려 그 끝에 꽹과리를 달아 사용하는데 이는 조선시대 감로탱화에 나오는 모양으로 현재 이런 형태의 광쇠는 다른 지방에서는 찾아볼 수 없다.

3) 무복(巫服)과 무구(巫具) 분석결과

첫째, 일반작법무의 고깔에는 두 마리 학이 꽃을 물고 나르는 모습이 수로 놓아져 있으며, 학의 날개가 큰 것을 모방하여 움직이거나 날리더라도 구겨지거나 접히지 않도록 장삼의 옷감을 반드시 모시로만 지었다.

둘째, 무구(巫具)로 사용되는 연꽃은 전북지역 무구(巫具)와 비교해 보았을 때 두 배 정도의 크기이며, 색이 진한 것이 특징이다.

셋째, 보통 바라의 지름이 36～38cm 것을 사용하는 반면 불모산 영산재에서 사용되는 바라는 45cm를 사용한다.

끝으로 작법무가 학춤에 비유되는 것은 불모산 영산재를 포함한 영남지역 작법무의 큰 특징이라 할 수 있으며, 이는 지역성과도 밀접한 연관이 있을 것으로 추정된다.

예로부터 학이 많이 날아와 살았다는 고장의 공통점은 그 주변 환경이 좁은 평야와 소습지가 형성된 곳으로 여기에는 학의 먹이가 되는 동식물들이 풍부했기 때문이었다. 한편 동래의 서남편(연산리)에는 광대한 무딩기 땅(비교적 물이 많이 고인 소택)과 그 안에 큰 대조암이 있어 많은 황새가 때를 지어 서식하였으며, 울산 또한 이수삼산의 지형으로 주위의 높은 산과 긴 강 그리고 넓은 평야가 많았다. 따라서 강과 평야가 인접하여 먹이가 풍부하였기 때문에 자연적으로 학이 많이 찾아 왔으며, 영남지역에서 학과 관련된 지명(地名)으로는. 부산·울산·거제·마산·밀양·사천·거창·고성·산청·창녕에서 찾을 수 있다.

학의 생태를 가까이서 관찰할 수 있었던 지역적 특성이 자연스레 사찰과 민간의 춤 문화에 스며들어 울산학춤·양산학춤·양산사찰학춤·동래학춤을 태동에 영향을 주었으며, 영남지역 작법무에도 전반적으로 반영되었을 사료된다. 따라서 이 부분에 대한 심도 있는 후속연구를 기대하는 바이다.

참고문헌

법현, 『영산재연구』, 운주사, 1997.

법현, 『불교무용』, 운주사, 2002.

김능화, 『한국의 불교무용』, 한국불교무용연구소, 2002.

능화, 『한국의 불교무용』, 푸른세상, 2006.

이애경, 「영산재 작법 춤사위 연구」『한국체육학회지』39-3, 2000.

안소연, 「영산재 나비춤 춤사위에 관한 연구」, 이화여대대학원, 2001.

김태희, 「불모산 영산재 작법무 연구」, 신라대대학원, 2003.

양효순, 「영남 불모산 영산재와 전라북도 영산작법 비교연구」, 중앙대대학원, 2005.

최우정, 「중요 무형문화재 제50호 영산재 천수바라춤 연구-지방문화재 제 22호 마산 불모산 영산재 천수바라춤을 중심으로-」, 동국대대학원, 2007.

고성오광대

1. 개요

가면극이라 함은 우리가 흔히 탈춤이라고 부르고 있는, 탈을 쓰고, 춤을 추며 재담(익살을 부리며 재미있게 하는 말)을 하는 오래된 우리의 공연예술이다.

가면극은, 전승되어 오고 있는 지역에 따라서 각각 다른 이름으로 불리워지는데, 황해도지역의 탈춤(봉산[1], 강령[2], 은율탈춤[3]), 경기지역에서는 산대놀이(송파산대놀이[4], 양주별산대놀이[5]), 경상도일대는 낙동강을 사이에 두고 동쪽인 부산일대에서는 야유(혹은, 들놀음)로, 서쪽인 경남일원에서는 오광대라 칭한다.

탈춤, 산대놀이, 야유, 오광대 등의 가면극의 각 놀이들은 서로 유사한 과장들로 구성되어 있다. 말뚝이가 나와서 양반들을 희롱하고 조롱하는 양반과장, 무엇이든 잡아 먹어버리는 영노가 등장하는 영노과장, 불구의 신체를 딛고 일어서 해방의 춤을 추는 문둥이 과장, 가정 내 갈등이 나오는 영감·할미과장, 파계한 중을 조롱하는 승무과장, 그리고 사자과장과 오방신장무(의식무)가 나오기도 한다. 이들 과장은 지역에 따라 과장의 유·무·춤과 악·인물·내용·주제·결말 등이 다르게

1) 중요무형문화제 제17호
2) 중요무형문화제 제34호
3) 중요무형문화제 제61호
4) 중요무형문화제 제49호
5) 중요무형문화제 제2호

나타난다.

서양의 극처럼 줄거리전개방식이 일목요연하게 연결되는 것이 아니라, 이야기와 이야기가 연결되지 않고 과장별로 다른 내용의 극과 춤을 추고 있다.

이런 가면극이 언제부터 시작되었는가는 역사적인 기록을 찾아보기가 매우 어렵다. 아마 승려에 대한 비판, 양반계급에 대한 풍자 등으로 보아 고려나 조선시대의 지배계층에 대한 신랄한 비판이 들어 있는 것이 원인일 수 있고 왕조시대의 역사 서술이 지배층에 편중하였기에 주로 서민에 의해 주도되고 관람되었던 탈놀이가 사가(史家)에 관심을 끌지 못하고 방치된 것으로 보는 정도이다.

이런 사료적인 빈곤으로 인하여 가면극이 언제부터 시작되었는지, 어떻게 발전 · 변화하여 왔는가 하는 문제들은 학자들의 오랜 연구에도 불구하고 좀체 풀리지 않고 있다. 그러나 지금과 같은 탈놀이의 모습은 조선후기에 이르러 소설이나 그림 등 예술전반에서 서민대중의 위치가 급부상한 18세기 중엽 이후 제 모습을 갖추었으리라고 보는 데는 큰 이견이 없다.

▸ 오광대의 어원

남부지역의 탈춤은 수영 · 동래 · 부산진 · 율지 · 신반 · 진주 · 창원 · 진동 · 산청 · 통영 · 가락 · 고성 · 가제 · 가산에 분포되어 있으며, 경상도일대는 낙동강을 사이에 두고 동쪽인 부산일대에서는 '야유'(혹은 들놀음)로, 서쪽인 경남일원에서는 '오광대' 라 칭한다.

오광대로 불리게 된 동기는 다섯 마당(오과장)으로 놀아지기 때문이라는 말과 다섯 명의 광대가 나와서 노는 놀음이기 때문이라는 말이 있지만, 전자의 경우는 일곱 과장, 여섯 과장으로 구성된 지역도 있어 설명되기에는 설득력이 부족하며, 후자의 경우처럼 동 · 서 · 남 · 북 · 중앙의 다섯 방위(오방)를 상징하는 다섯 광대가 나와서 하는 놀이가 주가 되었기에 이것을 근간으로 오광대라는 명칭이 두루 쓰이게 된 것 같다. 이를 대변해 주는 증거로써, 가산오광대의 1과장인 오방신장무

(다섯 광대의 춤)와 고성오광대의 2과장인 양반과장(오방색의 옷을 입은 양반들의 춤)에서 오방을 상징하는 다섯 광대가 등장하여 춤을 춘다.

▸ 오광대의 유래

남부 일대의 기타 지역에서는 애석하게도 흔적만 남아있거나 전승은 끊어진 상태이고, 대부분 1930년대까지 전승되어 오다가 소멸되기 시작하였으며 1960년대에 부흥하여 오늘에 이른다. 현재 경남일대의 오광대는 통영오광대, 고성오광대, 가산오광대 등이 전승되고 있다.

오광대의 유래를 잠시 살펴보면, 100여 년전 바닷가에서 떠 내려온 궤짝 속에 책자가 들어있어 그것이 전파되어 오광대로 발전되었으며, 초계 밤마리에서 행하던 오광대가 창원을 거쳐 가산, 통영 등으로 보급되었다는 설(율지오광대기원설)과 통영의 오광대를 보고 고성으로 전파되었다는 설 등 각각 뚜렷한 역사적 기록을 찾기 힘들다. 종합적으로 볼 때, 통영오광대는 창원오광대의 영향을 받았으며, 고성오광대는 통영오광대의 영향을 받았다는 것으로 결국, 오광대의 근원은 맥락을 같이 하고 있음을 알 수 있다. 오광대 놀음이 언제, 어디서, 어떻게 시작되었는지에 대한 주장들은 다양하게 많으나 합천군 초계의 밤마리에서 시작되었다는 설이 가장 유력하다고 볼 수 있다. 그렇다면, 이런 초계오광대가 시작된 유래에 대하여 잠시 살펴볼 필요가 있다.

"옛날 옛적 어느 해 낙동강 대홍수 때에 큰나무 궤짝 하나가 초계 밤마리에 떠내려 와 마을 사람들이 이것을 건져 올려 열어보니 그 속에 가면이 가득 들어 있었고 거기에 '영노초권'이라는 책자가 있어 놀이를 놀게 되었다"고 하는 이야기와 "옛날 서울에서 내려온 한사람이 남의 집 머슴살이를 하는데 양반들의 구박이 심해 울분을 참지 못했는데 마침내 어느날 술을 잔뜩 마시고 취한 김에 가면(탈)을 만들어 쓰고 양반들을 욕해본 것이 이 놀이의 시초" 라고도하는 전설에 가까운 이야기를 한다. 이 이야기를 사실로 믿기는 힘들지만 초계에는 예인 오광대가 있었던 것은 확실하다. 이런 초계오광대를 배웠거나, 지역에 공연 온 것을 보고 배운 것을 계기로 경남일대 탈놀이가 성립된 것으로 보는 것이다. 경남지방의 경우 초계오광대 외에도 비슷한 성격의 유랑예인 단체가 여럿 있었는데 의령, 신반의 대광대패 진주의 솟대쟁이패 남해 화방사의 중 매구패, 하동의 목골사당패 등이 거론되어 있다. 결국 오광대 놀이는 한곳에서 전파되고 그것을 배워 놀았다는 결론이 된다.

▸ 오광대의 특징

이들은 주로 정월 대보름날의 연중행사로 장터, 마을 절마당 등 사람들이 많이 모이는 큰 마당에서 마을 전체의 대동놀이 차원으로 연희, 전승되어왔고, 다른 지방(남부지역 이외)에서 찾아 볼 수 없는 덧배기 춤을 특징으로 하며 반주는 사물(쇠 · 장구 · 북 · 징)을 중심으로 한 타악기를 주로 사용한다.

오광대의 과장과 내용을 살펴보면 지방에 따라 다소 차이가 있으나, 대체로 5~7과장으로 구성되어 있고, 줄거리는 양반 계급에 대한 반감과 파계승에 대한 풍자, 남녀 애정 관계에서 오는 가정비극 등으로 엮어져 있으며 연출 형태도 다른 가면무극의 경우와 마찬가지로 춤과 재담, 창과 동작이 곁들여 연기되는 탈춤놀이의 일종이다.

이러한 남부지역만의 공통적인 특징을 내포하고 있으면서, 통영, 고성, 가산 오광대는 각 지역마다 독특한 특성을 가지고 전승, 발전되어가고 있으며, 각각 중요무형문화재로 지정되어 있다.

이렇듯 지역에 따라 각기 다른 특성을 나타내고 있음에도 불구하고, 춤과 지역간의 관계에 대한 선행연구는, 지역 간의 춤 비교나 춤사위분석, 문헌적 자료수집 및 정리 정도의 연구가 대부분이었다. 따라서, 한국인의 정서가 가장 잘 표출되는 민속춤 중에서 고성오광대의 춤을 중심으로 고성오광대의 전체적 구조와 춤사위를 분석하고, 이를 바탕으로 그 지역적 특성을 살펴봄으로써 춤과 지역 간의 연관성과 한국춤의 원형을 탐색하는 데 그 의미가 있다.

2. 고성오광대의 유래와 전승현황

고성오광대의 연희자는 음악과 춤에 능한 서민들이다. 이들은 일심계(一心契)를 조직하여 음력 정초에 고성 몰디 뒷산 도독골 잔디밭에서 연습을 하거나, 음력 정월보름 저녁에 장터나 객사마당에서, 추석, 봄철놀이 때는 자갈밭에서도 놀았다고 한다. 이렇게 특별한 장치가 없이 마당에 장작불을 밝히고 연희하며, 악사는 마당 가장자리에 앉고 관객은 원형으로 둘러싸고 구경하는 형식이다. 연희자나 관객 모두 서민들이기 때문에 그 문헌자료가 제대로 구비되어 있지 않다.

따라서 본고에서는 구전에 의한 채보나 연희를 하였던 고로들의 이야기, 문화재청에 등록되어 있는 자료, 학계간의 선행연구를 토대로 그 유래를 요약, 설명하고 있다.

그 유래는 자세히 알 수 없으나, 크게 세 가지 갈래로 요약해 볼 수 있다.

첫 번째 설은 창원의 이군찬이 초계 밤마리에서 오광대를 배워와 이하선, 정창술과 함께 창원에서 처음 놀았는데, 고성의 김창후 옹이 이를 배웠거나 이군찬의 생질녀인 진양월에게 배워서 전파하였다는 설이다. 두 번째 설은 초계 밤마리에서 배워와 창원오광대에서 통영오광대로 전해지고 고성으로 전파되었다는 것이며, 세 번째 설은 조선말까지 고성에는 관속들이 놀던 가면극이 있었다는 기록이 발견되었다는 것, 자체적으로 오광대가 발전하였다는 설이다.

앞의 두 유래설은 모두 그 시초가 초계 밤마리에 행하던 오광대였다는 공통점을 찾아볼 수 있어 고성오광대는 창원을 경유하여 온 초계오광대[6](혹은 창원오광대라고도 함)에서 비롯되었다고 볼 수 있다. 이러한 유래이야기는 통영오광대·동

---

6) 경남일대 오광대와 아류를 형성하게 하였다는 초계오광대는 지금의 합천군 덕곡면 율지리(옛 초계군)에서 놀아졌던 오광대놀이로 대광대놀이라 한다.

래야류·수영야류 등의 경남지역 탈놀이에서 공통적으로 드러나고 있기 때문에, 결국 유입의 경로는 다르지만 모두 초계밤마리 오광대에서 시작되었다는 것이다. 이는 1930년대 최초로 경남일대의 탈놀이를 현장 조사한 송석하의 견해에서 생겨났고 그 후 일반적으로 굳어지게 된 학설이다.

세 번째 유래설은 자체적으로 오광대가 발전되었다는 것이다. 이는 전해져오는 이야기와 『고성총쇄록』의 기록을 통해 입증하고 있다. 구전으로 내려오는 이야기를 보면, 조선말엽 고성읍내 선비들 사이에 북쪽지역 무랭이(현 무량리) 박씨 문중을 중심으로 비교적 부유층의 선비들을 북촌파와 남쪽지역 남촌(지금의 남외마을) 천씨 문중을 중심으로 서민층 선비 약 80여 명이 주로 시조창과 메구놀이를 즐기며 소일하는 남촌파가 있었는데, 고성오광대는 남촌파의 서민층 선비에 의해 전승되어왔다고 전해진다.

더불어 1920년경 가면극 연구가 시작되면서 주로 구전을 토대로 발생 연대를 추정하는 것과 달리 고성오광대에는 당시의 상황을 상세히 설명하는 신빙성 있는 문헌인 『고성총쇄록』이 발견되었는데, 조선말 고종30년(1893년) 고성의 부사로 부임한 오홍묵이 음력 12월 30일 제석을 맞이하여 읍내에서 벌어진 세시행사를 목격하고 이 광경을 비교적 자세히 설명하고 있다. 이 때, '신라의 5기 중 하나인 월전과 대면을 번갈아 나와 춤을 춘다'는 내용이 있어 학계에서는 그 유래를 신라의 5기에서부터 보기도 한다. 또 하나 오래된 문헌으로 1530(중종25년)에 완성된 『신증동국여지승람』에서 기록 당시인 16세기에도 오홍묵이 보았던 풍경과 흡사한 탈놀이의 모습을 살필 수 있다. 조선 순조 때 쓰여진 『동국세시기』에 이와 비슷한 탈놀이가 있는 성황제를 기록하고 있어, 두 자료가 그 중간시기를 잇고 있으니 고성오광대의 오랜 전승을 잘 나타내고 있다. 두 이야기는 고성오광대가 타지방의 전파로 시작된 것이 아니라 자체적으로 전승되어 내려오고 있음을 시사하고 있다.

그러나 이 탈놀이들이 지금의 현존하는 탈놀이 그 자체라고는 단정할 수는 없다. 단 이러한 탈놀이 문화가 고성에 뿌리깊게 이어져 내려 왔으며 1900년을 전후하여 당시 이름 있는 유랑 재인 패들의 뛰어난 예능을 서로 습합(다른 것들을 절충하여)하고, 춤꾼이 교류되는 상황에서 지금의 고성오광대로 다듬어 졌을 것이다. 이후, 1920년대부터 현재까지 전승되어온 과정은 <표1>과 같다.

〈표 1. 고성오광대 시대별 전승과정〉

구분 / 년대	배경 및 오광대 활동	활동 인물
1920년대	· 일제식민지시대 · 서구적 극문화 유입 · 탈놀이위축 및 배역이탈 · 점차 사라짐.(1934, 35년『동아일보』 기사에 당시 상황의 어려움이 기록)	정화경 이윤희
해방 이후	· 1950. 6.25 전란 · 1946.가야극장개관공연(가면극부흥의 시대를 앞당긴 의미있는 공연) · 전란으로 자료들 유실	김창후 홍성락 천세봉
1950년대 이후	· 천세봉의 오광대 홍유순서급자담 채보 · 1956. 고성오광대 추진위원회결성 · 대외적 홍보와 기본춤사위 정립 · 회 조직 및 정비 · 오광대 복원에 기여	+ 최응두(행정가) + 조용배, 허종복 + 박진학, 이금수, 허현도, 이윤순, 허판세
1960년대 이후	· 대본채록 및 연구조사 · 1964. 중요무형문화재 제7호 지정	+ 정상박, 이두현 (민속학자)
1970년대~현재	· 자제 전수관 설립. (지금의 무형문화전수회관으로 이주)	탈춤 붐과 함께 많은 대학생들이 전수

해방 후 가야극장 공연을 시작으로 고성오광대회 50년, 문화재지정 30년을 이끌어온 연희자들은 역대 회장단을 중심으로 추진되어왔다. 1956년 고성오광대 추진위원회를 최응두회장을 중심으로 결성되었고 정식 법인체로 인정이 된 1969년부터 1972년까지 일대회장을 역임했다. 뒤 이어 박진학(75년까지 2대), 조용배

(76년까지 3대), 최규칠(77년까지 4대), 허종복(79년까지 5내), 허판세(83년까지 6대), 허종복(93년까지 8대), 이윤석(현재 9대)으로 이어지며 예능의 전수와 보존회 운영을 총괄하고 있다.

3. 고성오광대의 특성과 춤사위

한국 민속학자들의 학설에 의하면 고성오광대의 가치성과 특징을 다음과 같이 제시하고 있다. 첫째, 고성오광대는 그 동안에 내용이 어느 정도 변형된 것만은 사실이나 비교적 원형에 가깝게 보존되어 있다는 것이다. 둘째, 대본·춤·탈·의상 및 반주음악 등에 있어서 한국 가면극의 영남형으로 그 특징을 그대로 보존하고 있는 유일한 존재란 것, 셋째, 천세봉의 수사본으로 된 "오광대흥유순서급자담(五廣大興遊順序及諮談)[7]"이라는 대사본을 보유하고 있는데 현재로서는 가장 오래되고 신빙성있는 대본이라는 것이다. 이상과 같이 고성오광대는 다른 지방의 탈춤에 비해 잘 보존되어 있다는 점을 발견할 수 있다.

이후 허종복·조용배는 이 대사본과 영남일대의 특징적인 춤사위인 덧배기춤을 바탕으로 만들었으며, 과장별 독특한 춤사위들을 추출하여 기본춤으로 정리하였다. 이것이 현재까지 잘 보존되어 추어지고 있다.

1) 고성오광대 기본춤 순서와 춤사위용어[8]

▸ 기본춤 순서

청노새 → 큰 걸음 → 잔걸음 → 뒤로 큰 걸음 → 뒤로 잔걸음 → 일차 뛰기 → 이쁜 짓 → 잔걸음(어깨 흔들며 걷기) → 이차 뛰기(가위뛰기) → 도포말기 → 삼차 뛰기 → 사선 → 찍기 → 베기기 → 달맞이 → 큰 걸음

---

7) <고성오광대 유흥순서 및 재담>

8) 양인영 (2004), 고성오광대의 기본무 무보 및 미의식 고찰, 미간행석사학위논문, 숙명여대.

→ 변형 잔걸음 → 뛰어 앉기 → 서서 베기기 → 사선 → 엉덩이 치기 → 변형 큰 걸음 → 변형 잔걸음 → 앉아 베기기 → 변형 잔걸음 → 덧뵈기

2) 고성오광대의 과장별 특징과 춤사위 소개

천세봉의 「오광대흥유순서급자담 五廣大興遊順序及諮談」에 기록된 놀이 순서는 첫째 마당이 중춤, 둘째가 문둥이춤, 셋째가 오광대, 넷째가 비비, 다섯째가 제밀주 과장으로 되어 있으나, 현재에는 문둥이춤, 오광대, 비비, 중춤, 제밀주 과장으로 연희하고 있다.

오광대는 30년대까지 전승되다가 소멸되기 시작하여, 60년대 이후부터 재기부흥하였으나, 60년대 당시의 자료들은 즉흥적인 요소가 많아 춤사위 정리가 거의 되어 있지 않았고, 90년대는 60년대에 추어졌던 대표적인 춤사위들을 대부분 내포하면서 춤사위가 정리되어 있었다. 이는 춤사위를 정립하기 위하여 부단히 노력한 것으로 보여진다. 지금의 고성오광대는 90년대 이후 발전한 것으로 짐작해 볼 수 있었다.

문화재청에 등록되어 있는 영상자료와 선행 문헌자료들을 바탕으로 조사하였으며, 주요춤사위를 중심으로 그 특성을 살펴보았다.

〈표 2. 과장별 춤과 대사 유무〉

	1과장	2과장	3과장	4과장	5과장
춤	○	○	×	○	○
대사	×	○	○	×	○

(1) 1과장 - 문둥과장

① 특징

문둥과장은 멸시당하는 평민들의 삶 속에서도 더 비극적인 삶을 살고 있는 문

둥이를 그린 과장으로, 당시의 계급적인 사회와 시대를 반영하고, 좌절과 번뇌의 한이 응어리져 있는 문둥이의 인생을 대변하는 과장이다. 그러한 문둥이의 비극적인 인생을 대사가 아닌 춤으로써의 표현은 역설적인 표현방식이라고 볼 수 있다. 전반부에서는 손가락 끝을 오므려서 비관하는 모습을 그리나, 후반부에서는 북과 북채를 잡아 환희에 차 내면의 한을 승화시키는 모습을 그린다.

② 내용 및 춤사위

불구의 모습을 상징적으로 묘사하여 천형의 슬픔을 표현하는 춤으로, 춤이 투박하고 딱딱해 보일 수 있으나, 조이고 푸는 것이 명확한 춤이다. 등장할 때 사실적인 묘사를 중심으로, 소고를 잡으면서 소고춤으로 넘어가는 장면으로 크게 두 장면이 분리되지만, 전체적으로 비틀사위와 배김사위를 바탕으로 추어지기 때문에 주요 춤동작, 소고춤, 서사적 동작으로 정리해볼 수 있다. 주요 춤동작으로는 비틀사위, 배김사위를 바탕으로 추고, 문둥이의 동작을 표현하기 위하여 파리잡기, 보리이삭줍기 등 사실적인 묘사를 하는 부분이 많으며, 소고를 잡으면서 소고와 함께 추는 춤 이렇게 세 가지로 춤의 특성을 정리해 볼 수 있다.

(2) 2과장 - 오광대놀이

① 특징

봉건사회에 있어 양반들의 권세 행세로 일반 평민을 천대하고 멸시하고 괴롭히는 그 시대의 아픔을 말뚝이라는 서민의 대변자가 양반을 신랄하게 비판하고 그들의 추악상을 낱낱이 꼬집어 내는 내용을 담고 있다. 대사의 내용 또한 해학적이며 그 익살스러운 풍자는 선조들의 여유와 풍류를 엿볼 수 있으며 오방색깔의 화려함은 자연의 색으로서 동양의 음양오행사상에서 그 유래를 찾을 수 있다. 동서남북중앙·5가지 색의 양반과 종가도령들과 함께 원을 그리며 춤을 추고, 말뚝이와 재담을 주고 받는다.

② 내용 및 춤사위

2과장의 대표적인 춤은, 크게 두 종류로 구분할 수 있는데, 하나는 5명의 양반 가운데 가장 중심이 되는 원양반춤과 다른 하나는 말뚝이춤이다. 원양반은 부채와 지팡이를 들고 중심에 서서 호령을 하고 그와 상대하는 말뚝이는 채찍을 들고 대응하는 형태를 띤다. 말뚝이의 춤사위는 천·지·인 삼재를 형상화해서 인간의 평등과 권리 회복을 염원하는 내용의 춤사위를 추며, 양반춤은 부채로 당시의 양반들의 권세를 풍자하며 마치 고고한 선비의 춤처럼 맛갈스럽다. 또한 원형의 군무가 눈이 띠게 볼 수 있으며, 대사를 할 때는 춤이 거의 없다.

양반들의 대표적인 춤사위를 요약해보면, 한발 들고 툭툭 어르기, 짚어 뛰면서 배김사위로 넘어가기, 앞뒤치기, 수평으로 벌렸다가 머리 뒤로 돌려 어깨에 맺는 사위 등을 한다. 양반들은 수평으로 벌리거나 수직으로 상승하는 팔동작이 주를 이루는 반면, 말뚝이는 채찍을 이용해 전신을 움직이는 형태가 많으며 기교적이다. 말뚝이의 가장 두드러지는 춤사위는 양반들과 함께 힘껏 짚어 뛰었다가 배김사위로 넘어가는 것인데 음악이나 신호에 맞춰 함께 춘 다음, 반드시 풀어주는 사위로 넘어간다. 말뚝이의 춤은 배김사위로 넘어갈 때 두 발로 떨어지는 경우가 많으며 앉는 형태가 많다. 이러한 배김사위는 경상도 지역의 춤 특징으로 볼 수 있기 때문에 이 춤사위의 연결은 즉흥적이지만 습성처럼 정립되어진 춤사위로 볼 수 있다. 또한 채찍을 휘두르며 고개짓을 많이 하거나 휘두르면서 뒷발차기·앞뒤치기·겨드랑사위·채찍으로 가리키기·한 발들고 채찍 메기·짚고 연이어 돌기(꼭 연풍대같은 동작) 등을 한다. 말뚝이는 어깨에 채찍을 메고 어슬렁 대며 계속 맴돈다.

(3) 3과장 - 비비놀음

① 특징

세상에 존재하지 않는 비비를 등장시킴으로써, 같은 횡포로 평민들을 괴롭히는 양반들을 마음대로 위협하고 조롱하는 과장이다. 양반들의 등살에 쌓였던 울분을 속 시원하게 풀고 한낱 미물인 비비도 사람과 같이 평등하다(조상)는 내용을 담고 있다. 비비를 통해 양반들을 혼내는 놀음이지만, 용서와 관용의 미를 찾아볼 수 있다.

② 내용 및 춤사위

양반들이 즐겁게 놀고 있을 때 비비가 등장하니, 양반들은 놀래서 도망간다.

비비의 등장은 두 발로 도약하면서 착지하기, 돌기를 이용하여 빠르고 위협적으로 양반에게 다가간다. 몸의 자세를 낮추고 힘 있는 동작과 팔을 사용 하지 않고 다리로 도약하는 동작이 대부분이다. 양반을 계속 좇아다니며 동물처럼 견주어보기도 하며, 양반을 위협하기도 한다. 이에 양반은 기겁을 하며 도망친다. 양반과의 대무가 이루어지고, 춤보다는 대사로 주고받는다.

마지막에 양반이 비비를 달래며 진정시키니, 비비는 양반을 아 나간다. 화해와 용서의 부분을 표현한 것으로 1·2과장과 마찬가지로 융화된 모습으로 퇴장한다.

(4) 4과장 - 승무과장

① 특징

속세의 연정에 이끌려 기생의 유혹에 빠져 놀아나는 파계승을 풍자한 과장으로 이는 서민들의 정신적 지주이어야 할 종교의 올바른 구도의 길과 사회적 물의를 일으키는 잘못된 종교를(조선시대) 개선하고자 하는 내용으로 탈놀이 중요 줄거리중 하나이며 고성의 경우 시종 대사가 없고 춤으로 구성되어져 있다. 속세에 이끌 중이 기생의 유혹에 빠진 중들의 본능적인 속마음을 잘 표현하고 있다.

② 내용 및 춤사위

2명의 기생이 한삼을 끼고 춤을 추며 등장한다. 기생의 2인무가 진행될 무렵, 장삼을 길게 입은 중이 등장한다. 중은 기생에게 다가가다. 봉산탈춤처럼 기생이 1인이 아닌 것은 여러 기생의 유혹 속에 혼란을 겪는 중을 표현하기 위함인 듯 싶다. 양쪽으로 오가며 기생에게 접근한다. 두 기생을 양쪽으로 끼고 퇴장한다.

우리가 흔히 아는 승무가 아닌 탈춤의 동작이 많다고 보아진다. 긴 장삼을 어깨에 매고 추는 사위가 많으며, 엎고 제치거나 어깨에 휘둘러 내는 사위·앞뒤로 치는 사위·배김사위·장삼 뿌리기 등이 사용된다. 장단은 굿거리 장단에 춤을 춘다. 신이 나면 앞뒤치기를 하다가 배김사위로 넘어간다.

(5) 5과장 - 제밀주놀이

① 특징

이는 처첩관계의 가정비극과 죽음에는 빈부귀천이 없다는 인생의 무상함을 그린 마당이며, 처참한 삶의 애환을 그리면서 이러한 장면을 코믹하게 다루었다는 점이 특징이다. 영감과 할미, 할미와 첩과의 관계를 통하여 대립구조를 나타내고 있으며, 한 연행공간에 두 장소를 설명하는 연출기법도 독특하다. 장님이 연행중에 고수로 둔갑하여 흥을 돋구는 장면은 1인2역의 역할을 소화해내는 것인데, 이러한 다양한 역할을 통해 극적효과를 얻어내고 있다.

② 내용 및 춤사위

할미가 곰팡대를 들고 엉덩이를 흔들며 등장한다. 인생의 산전수전을 다 겪은 전형적인 시골할미가 영감을 찾아 해맨다. 이 때 첩과 양반이 놀면서 등장한다. 할미는 방으로 들어와 실을 돌린다. 연행공간에서 두 공간을 이중적으로 표현하고 있다. 양반과 첩은 주막집에서, 할미는 집으로 돌어와 실바퀴를 돌리며 일상적인 여자들의 생활이 묻어나는 장면이다. 양반은 한번씩 할미를 쳐다보며, 눈치를 보고 있다. 주막집 하인의 등퇴장 걸음도 재미나다. 할미는 영감을 중심으로 대부분 걷는 걸음이 특징이다. 할미는 혼자 이리저리 방황하며 우스꽝스럽게 찾아해매다가 영감을 드디어 찾는다. 첩과 같이 있는 영감을 다시 보고 다시 확인한다. 주변을 맴돌다가 할미와 영감이 어깨를 잡고 싸운다. 첩은 땅을 치며 울고 있다.

우는 할미를 영감이 달랜다. 첩을 버리고 조강지처인 할미와 돌아가려하는데 첩이 산기가 있어 애를 나으려고 한다. 할미는 애 낳을 준비를 한다. 지나가던 장님이 하인과 함께 들어온다. 이 장님은 고수로 북을 치며 추임새를 넣어준다. 애낳는 장면을 더 효과적으로 전달하기 위해 음악적 요소로 장님의 역할이 투입되었다. 주변에 할미가 물을 뿌리고 영감은 제를 올린다. 할미와 영감을 애를 보고 좋아한다. 첩이 깨어나 할미가 안은 아기를 빼앗으려 하면서 할미와 첩의 대립이 극도에 다다른다. 그러다 애를 떨어뜨려 죽게 된다. 두 여자간의 갈등은 더 심화되어 첩과 할미의 대립은 최고조에 이른다. 첩에게 할미가 맞아죽는다. 죽은 할미가 실려 나가면서 5과장이 끝난다.

할미는 갈지자 춤사위와 엉덩이를 심하게 흔든다. 그야말로 엉덩이춤이다. 이것은 미얄춤과는 또 다르다. 엉덩이의 움직임이 크고 절도있게 추어진다. 때론 등이나 허리를 긁거나 이를 잡아먹는 동작, 오줌을 누는 동작 등의 사실적인 묘사동작이 코믹적으로 그려진다. 대부분 걸으며 움직이는데, 좌우로 엉덩이를 흔들거나 가끔씩 고개를 상하로 흔들면서 앞으로 걷는 걸음이 불안정하면서도 재미나게 표현된다.

(6) 상여놀이

죽음에는 빈부귀천이 없고 삶을 마감한 사람을 마지막으로 보내는 내용의 상여놀이로 인생의 무상함을 표현과 어려울 때일수록 가정의 소중함을 표현하는 내용이다. 할미를 보내는 상여를 준비한다. 모든 사람들은 하얀 상복을 입고 상여와 함께 걷는다.

4. 음악

춤의 반주음악으로는 대체로 굿거리 장단이 쓰인다. 반주악기로는 원래 피리, 대금, 해금, 가야금, 거문고, 장구, 북, 꽹과리 등이었다고 하나 최근에는 꽹과리 장구, 북, 징과 농악기 등을 사용하고 있다. 마지막 판을 푸는 춤을 출 때 주로 덧배기 춤을 추며, 배역에 따라서 그 인물의 성격이 춤으로 표현된다. 주로 영남형의 민속무용인 굿거리 춤과 덧배기춤이 아름답다.

〈표 3. 과장별 장단 및 춤사위 변화〉

	장단변화	춤 변화 및 특징
1과장	굿거리 → 자진모리	굿거리춤 → 덧배기춤
2과장	굿거리	말뚝이-느린덧배기춤 원양반-굿거리춤
3과장	-	특별한 춤사위없음
4과장	굿거리	승무(장삼춤)
5과장	-	큰어미 - 엉덩이춤

5. 등장인원과 무구(巫具)

구한말에 목수인 김인찬이 제작한 목제가면은 한일합방 5년 뒤 나라 잃은 절망감에서 바다에 띄워 버렸다고 한다. 그 뒤 마분지를 물에 불킨 것을 이겨 성형시킨 지제(紙製)가면을 사용하였고, 중요무형문화재 지정당시(1964년)에는 홍성락(洪成洛, 1887-1970)과 천세봉(千世鳳, 1892-1971)이 제작한 지가면을 사용하였다. 이 지가면은 마분지를 풀로 이긴 것이라 쥐가 갉아먹어 보관상 어려움이 있어 1964년 이후는 홍성락이 목가면을 만들어 써왔고 그 뒤에는 허종복(許宗福, 1930-1995)이 만든 목가면을 현재까지도 써 오고 있다.

〈표 4. 과장별 배역 및 소품, 탈의 특징 〉

	인원수	배역	소품	탈 특징
1과장	1인	문둥이	소고(작은 북)	검은 얼굴에 반점
2과장	8인	말뚝이, 원양반, 청제양반, 흑제양반, 적제양반, 백제양반,종가도령, 홍백양반	말뚝이-채찍 원양반-부채	말뚝이-검붉은색 양반-배역에 따른 색깔
3과장	2인	비비, 비비양반	비비양반-지팡이	비비-흰 반점과 뿔
4과장	3인	중, 기생2인	기생-한삼	중-흰얼굴에 붉은입술
5과장	5인	영감, 큰어미, 작은어미, 황봉사, 마당쇠	아기, 물레, 밥상,	큰어미-검은얼굴에큰머리,왼쪽은녹색,오른쪽은붉은색,입은비뚤어짐

1) 문둥북춤

검은 얼굴에 문둥이를 나타내는 울퉁불퉁한 면에 반점을 찍었다. 눈·코·입은 뚫렸다. 차림은 대나무 패랭이에 검은 더거리를 입고 손에 북과 부채를 들었다. 1969년 나무탈 사용하다가 1979년 이후 지탈을 사용하였다.

문둥이

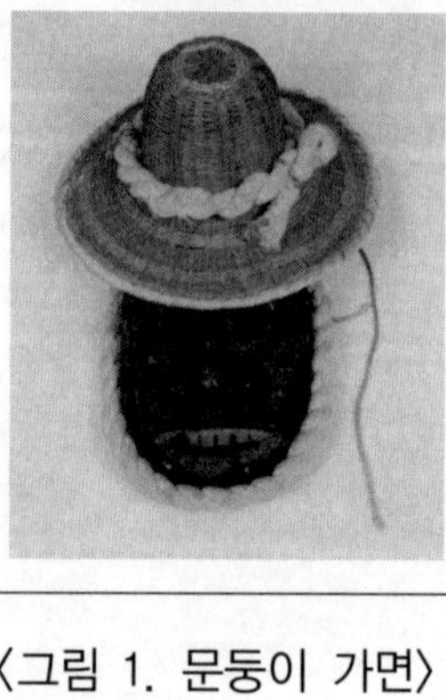

〈그림 1. 문둥이 가면〉

2) 오광대놀이

▸ 양반들

양반들 다섯은 오방색에 맞춰 원양반은 황색, 청보양반은 청색, 적제양반은 붉은색, 백제양반은 백색, 흑제양반은 검은색 가면이다. 가면은 모두 검은 선으로 얼굴을 그렸으며 흑제양반만 흰선으로 그렸다. 의상은 각각 자기탈의 색에 맞는 도포를 입고 탕건이나 갓을 쓰고 부채와 지팡이를 가진다. 이밖에 젓광대로 홍백양반과 종가도령이 있다.

▸ 말뚝이

검붉은 색의 얼굴에 큰 눈과 코와 입을 갖는다. 의상은 대나무 패랭이에 검은 더거리를 입고 흰 바지에 채찍을 든다.

원양반	청제양반	적제양반

※ 사진자료는 고성오광대 보존회를 통하여 얻어진 자료들이다.

백제양반	흑제양반

〈그림 2. 오방색의 양반 가면〉

말뚝이	홍백양반	종가도령
		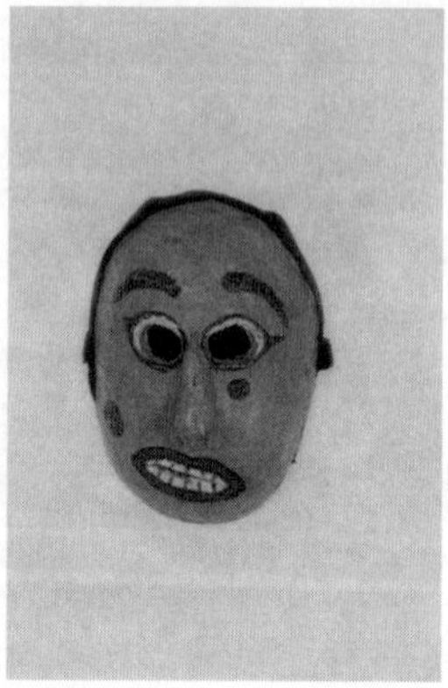

〈그림 3. 말뚝이와 홍백, 종가도령 가면〉

3) 비비놀음

비비의 가면은 붉은 바탕에 흰 반점을 찍고, 이마에 뿔이 있다. 아래위가 통으로 된 알록달록한 옷을 입고 비비소리를 내는 호드기를 갖는다.

비비양반	비비
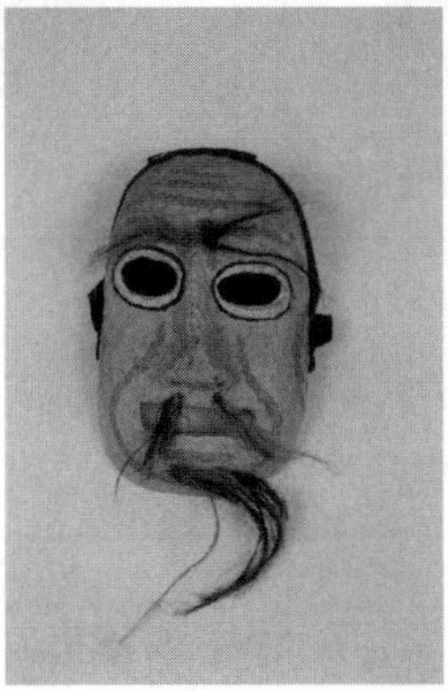	

〈그림 4. 비비양반과 비비 가면〉

4) 승무

중은 희거나 노란 얼굴에 예쁘고 붉은 입술을 그렸다. 복색은 흰 고깔에 붉은 가사를 메고, 흰 장삼 또는 회색승복을 입기도 한다. 소무(각시)는 흰 얼굴에 연지곤지를 찍고 머리를 검게 그렸다. 의상은 검은 전립을 쓰고 색동저고리에 붉은 치마를 입고 소매에 흰 장삼을 달았다.

중	소무 1	소무 2
		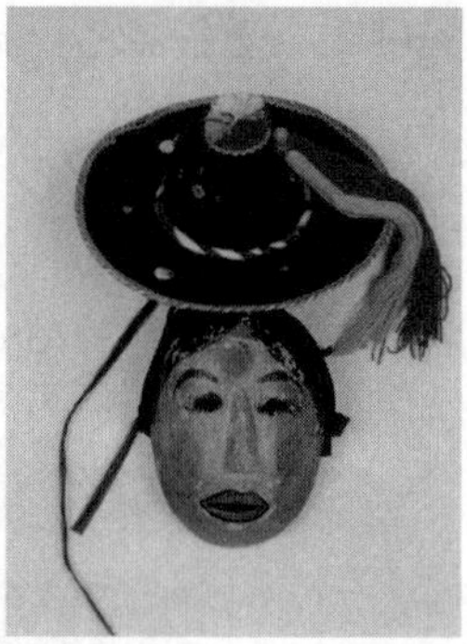

〈그림 5. 중과 각시(소무)〉

5) 제밀주과장

큰 어미는 검은 얼굴에 큰 머리를 얹고 흰색의 짧은 저고리에 치마를 입는다. 마분지로 만들었던 가면은 얼굴 왼쪽은 녹색, 오른쪽은 붉은색으로 칠을 하였고 입은 비뚤어졌다. 영감은 원양반을, 작은 어미는 각시탈을 겸용하여 사용하였다.

큰어미(할미)	작은어미	시골영감
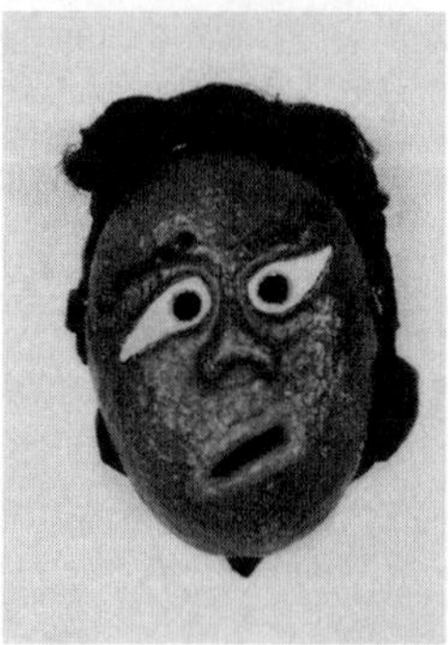	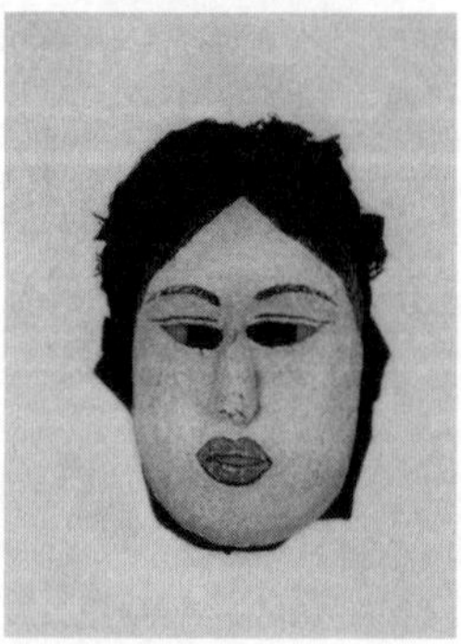	

황봉사	마당쇠
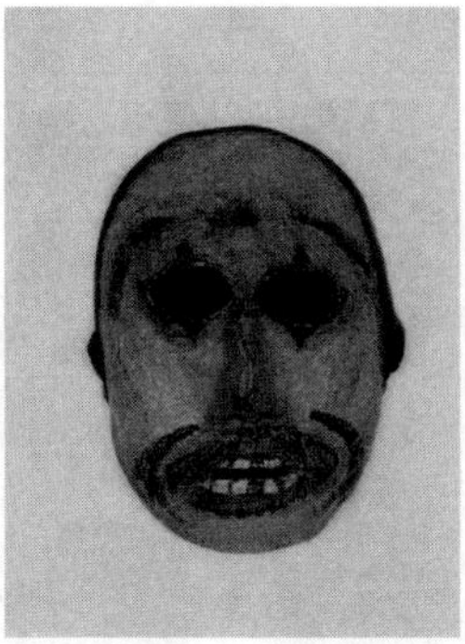	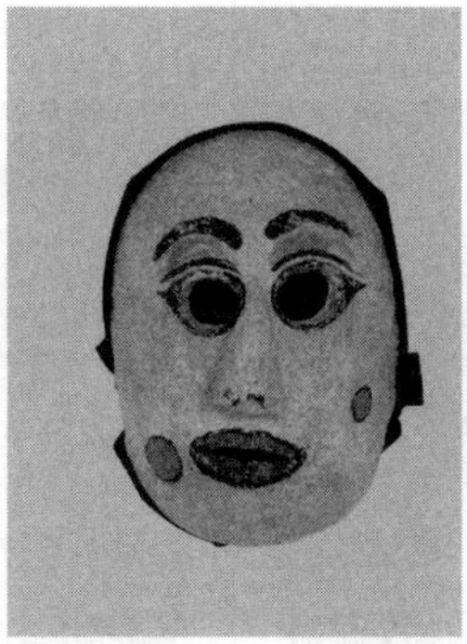

〈그림 6. 제5과장에 등장하는 탈〉

6. 무복(巫服)

1과장

문둥이
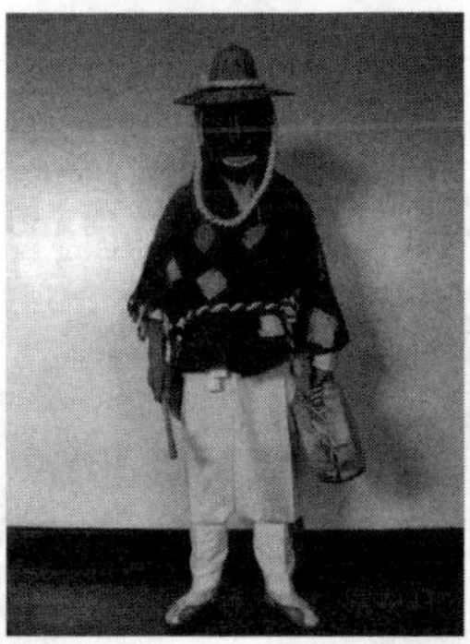

2과장

말뚝이	원양반	적제양반
	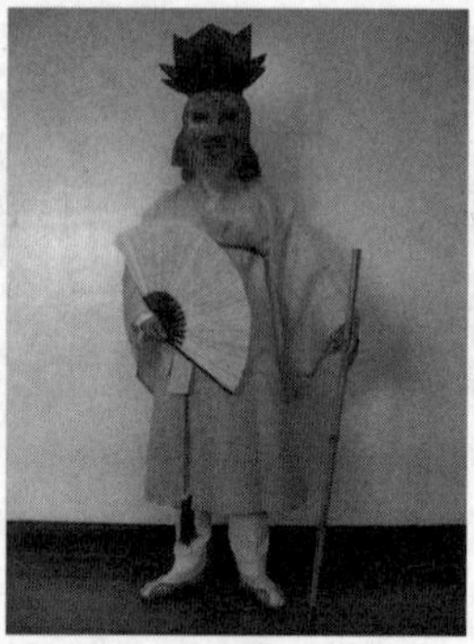	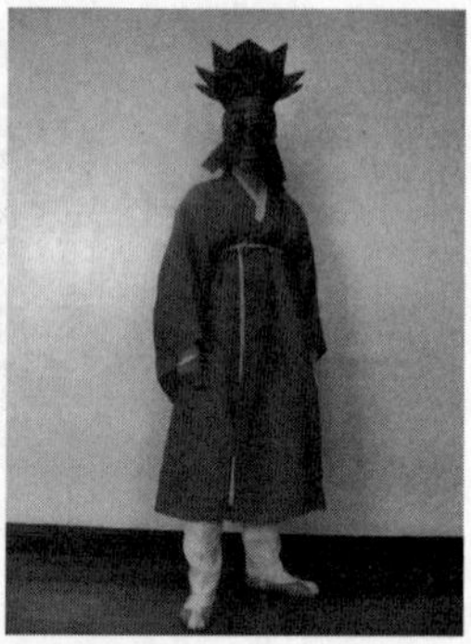
청제양반	백제양반	흑제양반
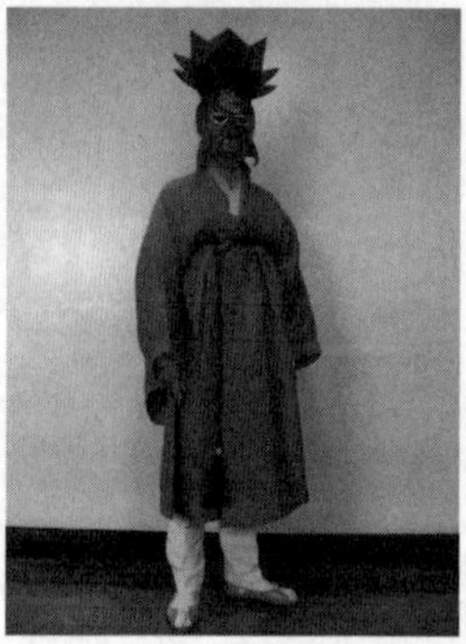	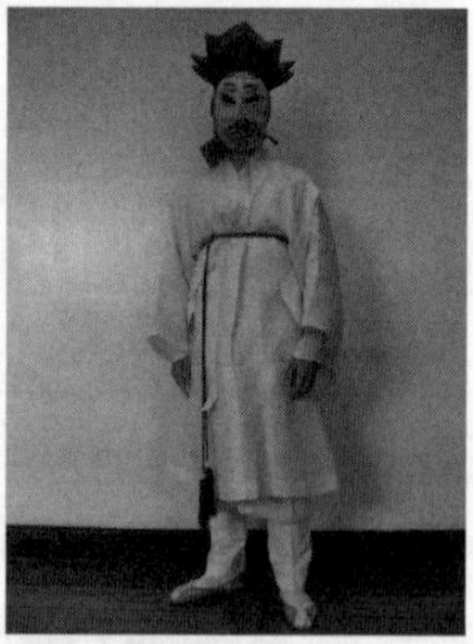	

홍백양반	종가도령
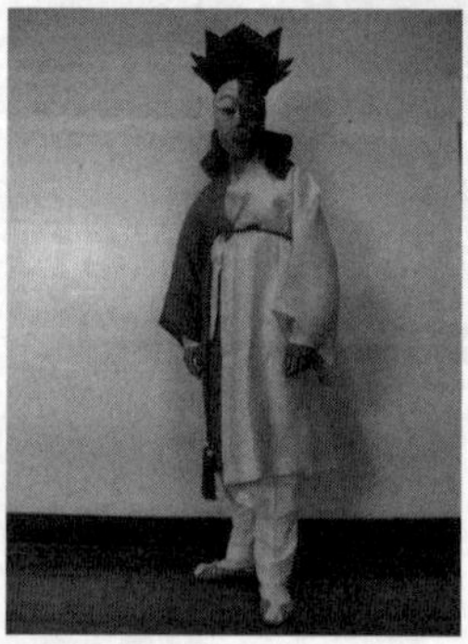	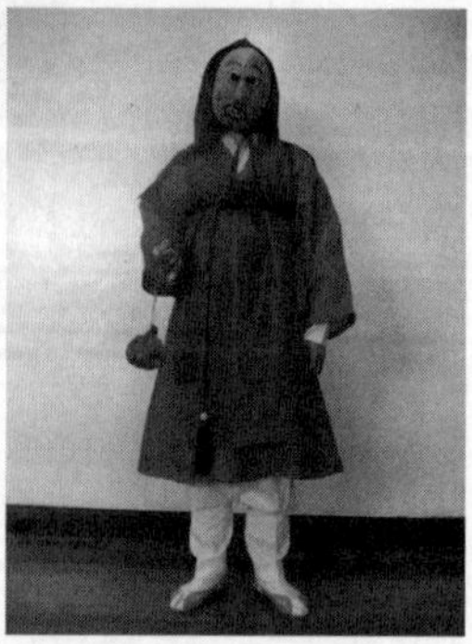

3과장

비비양반	비비
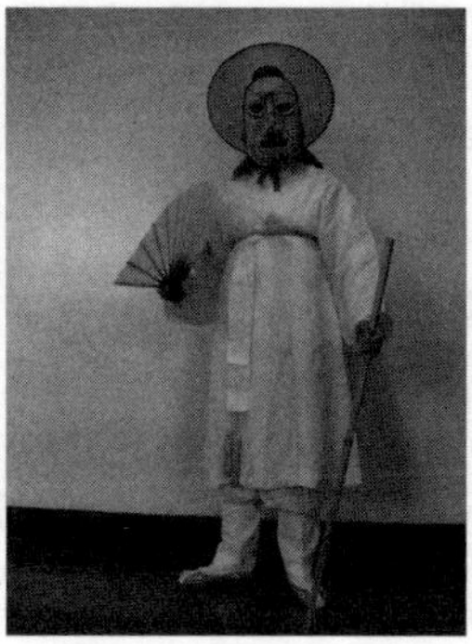	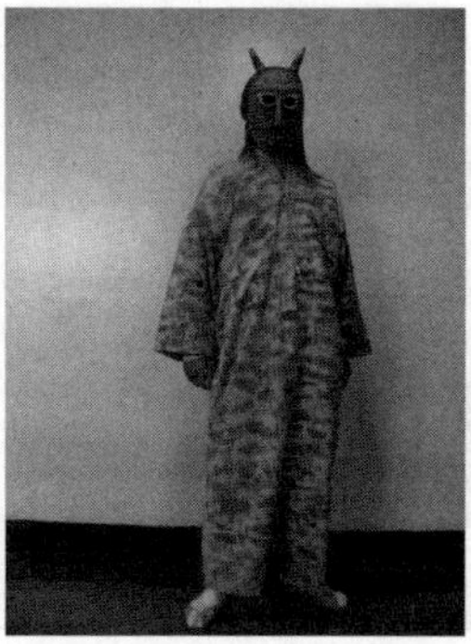

4과장

중	각시(소무 1/2)
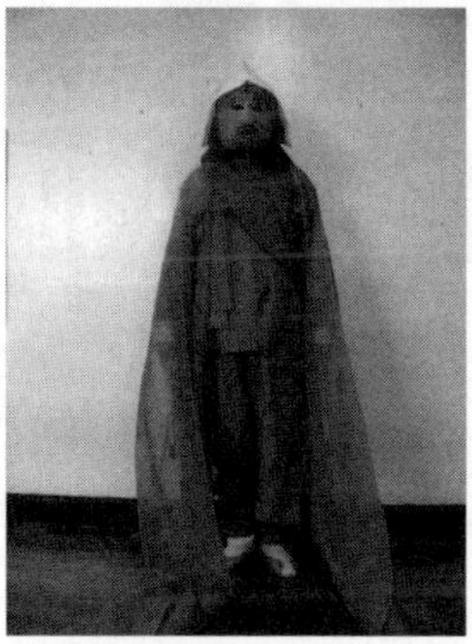	

5과장

큰어미(할미)	직은 어미	시골영감

황봉사	마당쇠
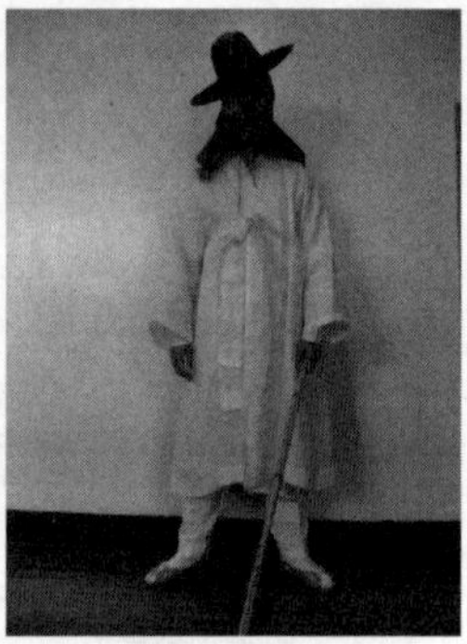	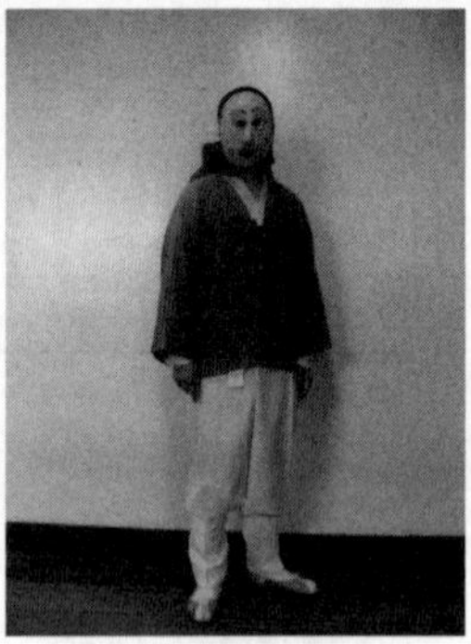

7. 춤과 지역적 특성

1) 구성태로 본 춤사위

(1) 춤의 특성

① 서사적 구조와 사실적인 묘사

문둥과장에서는 손가락이 없는 문둥이를 표현하기 위하여 평범한 사람들과 다른 행동을 할 수밖에 없는 것들을 선택하여 동작화하였다. 코푸는 동작·파리잡는 동작·보리이삭먹기·우는 동작·소고를 놓치는 동작 등이 그러하다. 구체적인 동작들을 보면, 코풀기, 파리잡기(파리먹기·입닦기·코풀기·코털기). 보리이삭먹기(보리이삭줍기·보리이삭먹기·바람에 까불기), 울기(서서울기·앉아서 울기·통곡하기·일어나기), 소고춤동작 (소고채 놓치기·소고채 잡기·소고 어우르기) 등이 문둥이라는 역할을 위한 사실적인 동작들이며, 그 표현에 있어서 서사적인 구조로 연결되어 있다. 또한 제밀주과장에서도 할미춤의 엉덩이춤·볼일보기·두리번거리는 동작 등 사실적인 동작이 잘 나타나 있다.

〈표 5. 문둥북춤의 사실적 동작 〉

용어	코푸는 사위
설명	양쪽 손가락을 오므린 채 손등으로 코를 풀고 손등에 묻은 콧물을 옷에 닦는 동작을 취한다.
사진	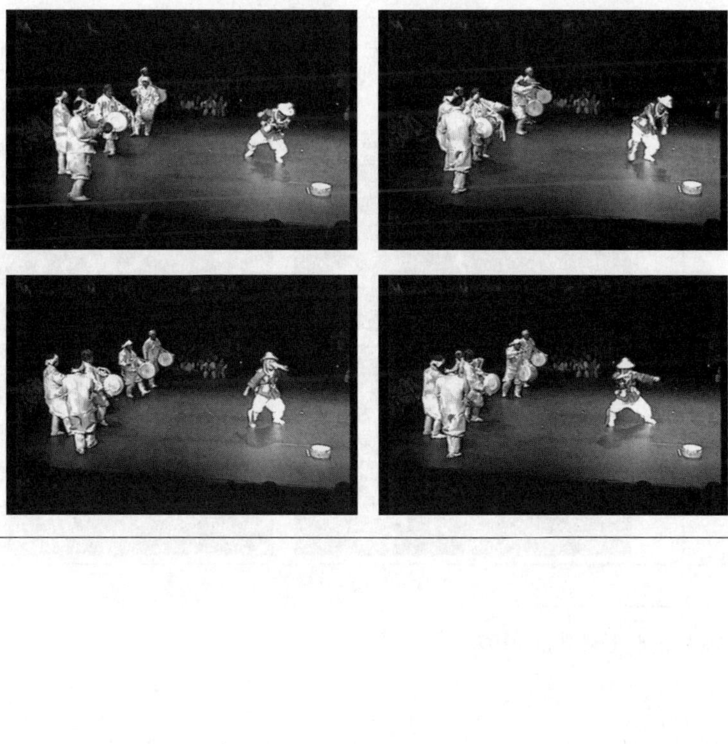

용어	울기
설명	평범한 사람들이 할 수 있는 일을 자신이 왜 이렇게 살아야하는 지에 대한 한과 부모와 조상을 원망대목이다. 소고를 바라보며 서서 울다가 땅을 치며 통곡을 한다.
사진	

〈표 6. 큰 어미의 엉덩이춤〉

용어	엉덩이춤 9)
설명	제밀주 과장에서 큰 어미가 추는 춤으로 엉덩이를 마구 흔드는 춤사위다. 엉덩이춤은 역설적인 춤 동작이며 인생을 압축시켜 놓은 춤 동작이다. 곧 다가올 죽음을 모른채 즐겁게 또는 슬프게 살아가는 모습을 춤으로 보여주고있기 때문이다.
사진	

9) 고성오광대, 문화재청, p109.

② 가락과 가락 사이의 전환점

사실적 표현 동작 이후에는, 맺음과 푸는 동작을 하거나 즐겁게 뛰는 춤사위를 주로 하는데, 이를 배김새 동작으로 맺는 경우가 가장 많다. 이러한 배김사위는 한쪽 발은 길게 뻗고 쿡 찍는 동작인데, 이 동작 다음에는 대부분 양팔을 크게 펴거나 크게 풀어주는 동작을 하여 연결한다. 고성오광대 춤의 힘차고 상승적인 느낌을 주는 부분이다.

배김새도 지역별로 전형적인 양식성을 가지고 있다. 연행자들은 저마다의 덧배기춤을 추다가 악사의 신호장단이나 연행자의 신호에 맞추어 다같이 '배김'을 하게 된다. 배김은 동태적인 동작인 도약무를 한 다음 땅바닥으로 착지를 하여, 정태적인 사위를 추게 된다.

이러한 동작연결은 문둥북춤의 소고춤과 원양반의 춤에서 가장 많이 두드러진다. 소고채를 잡기 전에 놓치다가 뒤로 물러나면서 배김새 동작으로 연결해줄 때, 다시 소고채를 잡기 위한 재도전을 하는 동작, 양반들이 원형으로 군무를 할 때 원양반의 신호와 더불어 즉흥적으로 배김새를 하는 경우 등 이러한 동작은 분위기를 전환해준다. 배김새 동작 이외의 다른 연결동작으로는, 어우르기· 뛰기· 풀기 등이나 소고를 발로 차면서 도는 사위 등이 사용된다.

〈표 7. 배김사위〉

용어	배김사위[10)]
설명	왼쪽 다리를 굽히고 오른쪽 다리를 뻗으며 왼손을 당겨 오른 볼 쪽에 대고 오른손을 뒤쪽으로 뻗는 것이다. 배김새는 춤의 동작과 분위기를 전환할 때 적절히 사용된다. 일을 하다 매듭을 짓는 것과 같다고 설명되기도 한다.
사진	 

10) 고성오광대, 문화재청, p110

③ 사상적 측면에서 본 춤사위

한국의 민속춤은 서민들의 '한'을 담은 춤들이 많기 때문에 춤을 통하여 정신을 수련하고 마음을 풀어주며, 승화해주고 있다. 문둥이의 한에 대한 내용을 담고 있는 1과장의 경우, 타 지역과 달리 대사가 없는 춤으로만 표현했다는 점과 관객이 문둥이의 삶을 간접 경험하고 교감· 소통할 수 있다는 점에서 예술성과 철학적 가치를 인정하게 되는 부분이라 볼 수 있다.

또한 2과장에서 말뚝이가 채찍을 사용하여 정확하게 하늘을 가리키고 땅을 짚는 동작이 있는데, 정확한 의미는 알 수 없으나, 하늘과 땅을 지목하고 이를 가리키는 것이 인간이라는 점은 분명하다. 그렇다면 하늘과 땅 사이에서 인간이 천지를 연결해준다는 점을 시사하고 있다고 볼 수 있는데, 전수자들은 이러한 부분이 무속의 영향 즉 말뚝이가 무속인을 상징하는 것일 수 있다고 추측하기도 하지만, 아직 정확히 밝혀진 것은 없다. 오광대 유래 속에서 굿의 영향을 받았다는 점을 보았을 때, 말뚝이가 사회의 대변자이면서도 무당이었을 수도 있다고 추정해 볼 수도 있다.

〈표 8. 말뚝이춤의 춤사위〉

용어	천지인 동작
설명	원의 중앙에서 말뚝이가 채찍으로 하늘과 땅을 가리키는 동작으로, 양반들을 조롱하고 훈계하는 장면이다.
사진	 

(2) 형식

① 원형무대형식을 통한 관객과의 소통

통영은 양반의 횡포를 비판하는 내용을 신랄한 대사로 풍자하지만, 고성은, 대사와 더불어 한을 승화하고 유희와 신명으로 흥을 돋군다. 그렇기 때문에 춤추는 자의 감정을 관객이 함께 공감하고 소통하기 위하여 각 역할의 존재를 인식시키는데 더 주력을 하고 있는 점을 발견할 수 있다. 또한, 즉흥적인 요소가 많아 춤꾼의 재량으로 감정고조, 관객소통을 보다 쉽게 전달할 수 있다는 점, 마당이라는 원형공간에서에 연희가 이루어지고, 이것이 공연예술의 현장감 및 일회성을 가지고 온다, 이렇게 극적 표현의 다른 지역 오광대와 달리, 춤을 통해서 나타나게 되는 관객과의 소통· 감정이입· 즉흥성과 일회성· 현장성 등을 지닌다는 점은 고성만이 가진 중요한 특징으로 평가할 수 있다.

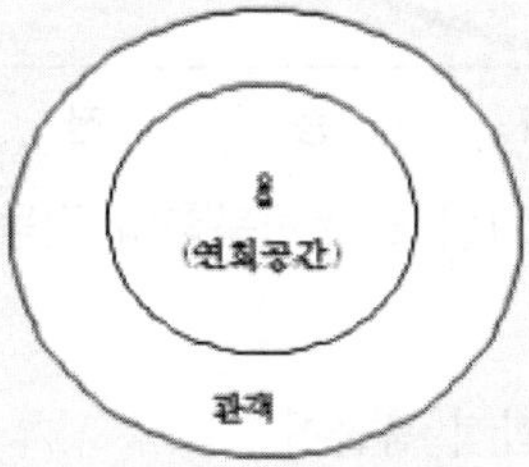

〈그림 7 원형무대 형식을 통한 관객과의 소통〉

② 과장별 갈등구조와 효과

1과장은 문둥이와 소고와의 갈등, 2과장과 3과장은 말뚝이와 비비가 양반을 위협하고 조롱하는 내용으로 계층간의 갈등구조, 4과장은 속세와 종교간의 관계, 5과장은 가정내의 갈등관계를 그린다. 이렇게 1과장은 도구를 매개로, 2과장과 3과장은 말뚝이와 비비란 인물의 등장으로, 5과장은 큰 어미의 죽음을 통하여 갈등을 고조시키고 있다. 1과장을 들면, 문둥이가 소고를 잡았을 때, 기분이 고조되어 홀로 신이 나 절로 춤을 추는 즉흥춤은 그야말로 문둥이가 일반인들과 똑같이 해냈다는 것에 대한 기쁨과 천형의 슬픔을 무아지경으로 그려내는 것으로 신명이 나는 부분이다.

이것은 문둥이의 삶을 춤으로 승화시켜주는 장면이며, 소고의 등장은 문둥이의 갈등이 해소되는 하나의 전환점을 갖는다. 소고라는 도구를 통하여 문둥이와 일반 사람들의 대등한 관계를 표현하였고, 타악이라는 소재를 이용하여 신나게 흥풀이를 할 수 있어 소고의 등장은 문둥북춤에서 없어서는 안될 중요한 춤 도구인 셈이다.

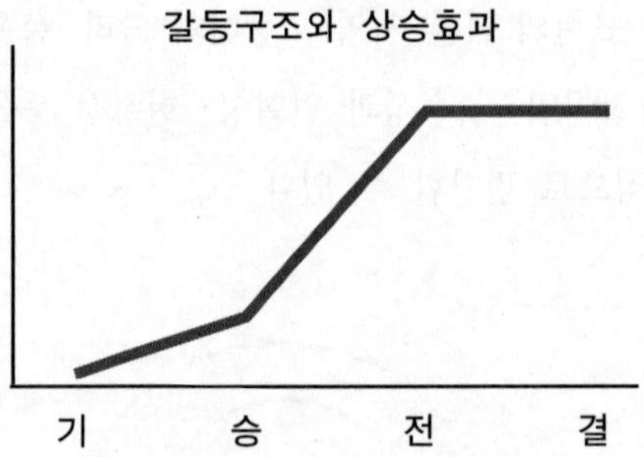

〈그림 8 문둥북춤의 갈등구조〉

③ 기승전결을 통한 해학적 춤풀이

고성오광대는 도입부와 종결부가 명확하다. 처음 1과장에서 문둥이가 불편한 팔과 다리를 떨며 등장하고 파리를 손으로 잡아 흔들어먹거나 보리이삭을 주워 팔꿈치로 으깨어 먹는 장면 등을 사실적인 움직임으로 보여준다. 그러다가 소고를 발견한 문둥이가 자신의 비애를 다시 한번 겪으면서도 도전해 보고 싶은 욕망을 드러내며, 몇 번의 고초를 겪은 후에야 비로소 소고를 잡는다. 소고를 잡은 문둥이는 자진모리 장단에 맞추어 신명나게 춤을 추면서 퇴장한다. 또한, 비비과장에서도 양반을 위협하던 비비와 양반의 대립관계가 처음에는 극단적이었으나 마지막에는 호전되어 비비가 양반의 뒤를 따라 퇴장하는 장면도 그 전개방식이 해학적으로 풀어진 부분이며, 양반과장에서도 말뚝이와 원양반의 대립관계를 비슷하게 풀어낸다. 대사와 춤이 혼합하여 있지만, 대부분 마지막에는 춤으로 풀어내면서 퇴장하는 모습이 인상적이다. 이렇듯 고성오광대는 과장과 과장이 연결되어 있지는 않으나, 각 과장별 전개방식이 기승전결을 통하여 해학적으로 승화하고 있다.

2) 춤사위를 통해 본 지역적 특성

(1) 춤사위를 통해 본 경제사회

문둥북춤의 보리이삭줍기 등의 춤사위를 통해 농업경제사회를 엿볼 수 있다.

덧배기춤은 다른 지역의 오광대에 공통적으로 들어 있는 것이나, 보리이삭줍기 · 파리잡기 등의 사실적 표현은 고성만 가지는 특징으로, 앞서 분석하였다. 그 밖에 농사짓는 모습· 수확하는 모습· 수확된 곡식을 갈아서 바람에 날려 깍지를 버리고 먹는 모습 등을 표현하는데, 이러한 행위의 사실적 묘사는 고성에서 흔히 접할 수 있는 문둥이와 농업사회 때문에 생길 수 있는 동작이다. '보리이삭'란 단어 자체가 농업사회를 의미한다고 볼 수도 있지만, 이러한 행위표현은 중부나 해서지역의 탈놀이에서는 찾아볼 수 없는 것이기 때문에, 고성의 농업경제사회를 더 확실하게 보여주는 춤사위인 것이다. 고성의 기후는 온화하여 혹서라 하여도 영상 37도를 초과한 바가 없으며 혹한이라도 영하 11도를 하강한 바가 없고, 토지는 대부분 양질로써 농사를 짓는다.[11]

11) 고성군, 「통계연보 1997(제36회) / 고성군」, p31

〈표 9. 문둥북춤의 보리이삭줍기 동작〉

용어	보리이삭줍기
설명	길가에 있는 보리이삭을 주워 먹으려 하는 동작으로, 중심도 잡지 못하고 이삭을 문드러진 손으로 모아 바람에 흙을 날려 보내기도 하면서, 손등으로 이삭을 까먹으며 즐겁게 노는 춤이다. (보리이삭줍기, 보리이삭먹기, 바람에 까불기 등)
사진	

한편, 초계밤마리의 유래로 살펴보면, 유입경로가 상업경제지역을 바탕으로 되어 있음을 볼 수 있다.

상업경제지역에서 시대적 변천을 통하여 각 지역마다 유입· 발전되고, 농업경제사회를 중시한 고성의 경우는 오광대가 농업사회를 바탕으로 변천하였다고 볼 수 있으며, 반대로 오광대로 인하여 고성이 농업경제사회의 토착화를 가지고 왔다고 볼 수도 있다.

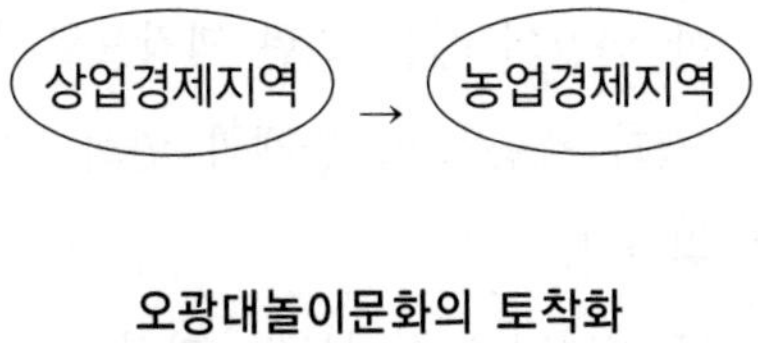

〈그림 10 오광대의 유입과정〉

(2) 역할에서 본 지역사회

통영, 가산, 고성오광대에는 문둥이과장이 모두 들어있는 점을 보아, 경남일대는 문둥이와의 연관성이 있음을 짐작할 수 있다. 경남지역 외의 탈놀이에는 문둥이가 등장하지만, 특히 경남지방은 문둥이 즉 나병환자가 많았다고 한다. 경남일대 곳곳에 나병환자촌이 있어 생활 속에서 흔히 볼 수 있는 일이었기 때문에, 그 존재는 일반적인 것이었다. 그것은 1920년경 당시 고성지방에는 괴질이 크게 번지고 있었다[12]는 기록에서도 찾아볼 수 있다.

이러한 경남지역 일대의 지역적 특성 때문에 문둥이라는 역할을 자연스럽게 가면극에 투입할 수 있었다. 그러나 나병환자들에게는 문둥이 과장이 많은 논란이 되었다고 한다. 생활 속에서도 설움을 받는 나병환자들의 이야기를 오광대를 통하여 또 언급되어지는 것을 원치는 않았을 것이다.

그러나, 고성오광대의 문둥북춤은 현실에서 표현하기 힘든 나병환자들의 설움을 예술로서 승화한 것으로 볼 수 있다.

12) 고성군, 「통계연보 1997(제36회) / 고성군」, p467

(3) 형식을 통해 본 지방문화

문둥북춤은 문둥이 즉, 한 인간의 삶을 그린 과장으로 독무로써, 연희자가 대사가 아닌 춤을 매개로 관객과 소통하고, 관객과 연희자가 하나가 되도록 상호 감흥을 주고 받는 형식을 취한다.

경남지방의 각 지역별 문둥이과장을 살펴보면, 가산은 독무가 아닌 5인의 문둥이가 등장하고 통영은 한명이지만 대사형태가 주를 이루는 반면, 고성은 내용전달방식이 다른 지역과 다르게 대사가 전혀 없는 춤으로만 전달하고, 그것이 군무가 아닌 독무형태를 띤다는 점에서 다른 지역과 차이가 있다. 한 뿌리에서 발생하였지만, 지역별로 발전하면서 다른 형태와 구성을 지니게 되는 것은 지역적 영향이 있음을 추측해 볼 수 있는 부분이며, 때문에 각 지역마다 다른 형태의 문둥이로 표현되어질 수 있는 것이다.

또한 선행연구에서 오광대 유래를 살펴보면, 서울로부터 지방으로 놀이패들이 전파하다가 경제적 여건이 여의치 않아 구성인원을 5명으로 줄였다는 기록을 볼 때, 고성오광대 문둥북춤의 독무 또한 구성인원의 축소로 인한 결과라고도 생각해 볼 수 있으며, 이 또한 선행문화에서부터 멀리 떨어진 지방문화적 성격으로도 볼 수 있다.

종합해 보면, 탈놀이가 서울에서 경남으로 내려와 구성인원이 축소화되고, 통영·가산·고성 오광대로 전파되어 각 지역의 특징을 가지고 발전, 정립하여 결국 고성만이 가지는 독특한 독무형식의 문둥이과장이 생성되었다고 추측할 수 있다.

8. 결 론

고성오광대의 춤사위 분석 및 특징을 살펴보면 다음과 같이 요약해볼 수 있다.

첫째, 1과장의 문둥북춤과 5과장의 큰 어미의 춤에서 서사적인 구조와 사실적인 묘사가 잘 드러나 있다.

둘째, 문둥북춤의 소고춤이나 양반춤의 군무 등에 잘 나타나 있는 배김새 동작은 가락과 가락 사이의 분위기를 전환시켜준다.

셋째, 말뚝이춤에 나타난 천·지·인 사상은 무속의 영향을 받았을 수 있다고 추정한다.

넷째, 원형무대형식을 통해 관객과의 소통·현장성·즉흥성·일회성 등을 가지고 있다.

다섯째, 도구나 역할을 매개로 갈등구조를 해소한다.

여섯째, 과장별 전개방식이 기승전결로 명확히 연결되어 있으며, 이를 해학적으로 풀어내고 있다.

이러한 춤의 특징을 통하여 그 지역적 특성을 찾아본 결과는 다음과 같다.

첫째, 문둥북춤의 보리이삭줍기 등을 통하여 농업경제사회를 엿볼 수 있다.

둘째, 문둥이의 역할을 통하여 경남일대 나병환자촌이 존재하고 있음을 짐작할 수 있었다.

셋째, 문둥과장의 1인무는 선행문화의 영향을 받아 경남일대로 내려오면서 역할과 인원이 간소화된 사실을 시사해주는 것이다. 이렇듯 고성오광대는 춤사위보존에 심혈을 기울이고, 현재도 활발한 활동을 하고 있어 많은 사람들이 전수를 받기 위해 고성을 찾는다. 작은 마을인 고성의 지역적 특성이 잘 내포하고 있었으며 앞으로도 시대적 흐름에 따라 그 특성이 잘 묻어나는 지역의 문화재로써 보존되기를 희망한다.

참고문헌

고성군,「통계연보1997(제36회)/고성군」

『고성오광대』, 문화재청

김온경(1996),『한국민속문화연구』, 집문당

김온경(1979),「경남가면무의 미적연구」 이화여대 석사학위논문.

『경남문화연구』, 2000-12

김수업(2000),「경남지역 탈놀음의 특성」,『경남문화연구』(2000)

김지혜(2006),「오광대 연희 구성형식의 비교연구」 경희대

문화재 관리국(1990),『승전무』, 중요무형문화재 해설

서연호(1989), 야류, 오광대 탈놀이, 열화당

양희철(1989),「오광대 가면극의 지역문화성 연구- 중앙선행문화의 수용과 변용을 통하여」『가라문화』 7, 1989.

양인영(2004),「고성오광대의 기본무 무보 및 미의식 고찰」 숙명여대 석사학위논문

이미희(2007),「고성오광대 문둥북춤의 지역성에 관한 연구」, 대한무용학회 논문집 제51호

이상우(2004),「한국가면극의 연행방법 연구 : 경상도지역을 중심으로」 경성대석사학위논문

이소희(2001),「가면극에 나타난 탈북춤 연구」, 중앙대 석사학위논문

최상수(1984),『야류, 오광대 가면극의 연구』, 성문각

황규선(2004),「고성오광대 문둥북춤 춤사위 연구」, 숙명여대 석사학위논문

황지윤(2005),「평양검무 춤사위에 관한 연구」, 단국대 석사학위논문

영상자료

60년대 문화재청 등록 자료(60분)

고성오광대 당항포 공연실황, 1988. 4. 31

춤의 고을 고성사람들 공연실황, 1999. 6. 1 ~ 6. 2

국립무용단 3북의 소리, 1997

하회별신굿탈놀이

1. 개요

하회는 경상북도 안동군 풍천면 하회리 안동읍에서 서쪽으로 약 60리 떨어진 낙동강 상류지대에 자리하고 있다. 하회는 지리적인 특성으로 인해 그동안 외침을 당한 적이 없었던 곳이다.[1] 그 이유는 하회(河回)라는 이름처럼 낙동강이 마을을 감싸 안고 돌아 흐르고 있어 외부와 격리되어 있을 뿐만 아니라, 마을로 들어가는 입구조차 '큰고개'와 '작은 고개'로 겹겹이 가려져 있어 상당히 패쇄적이기 때문이다. 이러한 지리적 격리와 공간적 폐쇄성은 역사적 정체성을 두드러지게 하는 중요 요인으로, 이조 500년의 역사와 풍물뿐만 아니라 고대 문화전통을 잘 간직하고 있는 지역으로 평가받고 있다. 현재, 하회는 민속마을로 지정되어 마을의 여러 전통들을 국가적인 차원에서 두루 보호받고 있을 뿐 만 아니라, 국내외 관련학자들로부터 현장연구의 대상지역으로 계속해서 주목받고 있다.[2]

---

1) 배주옥,「河回別神굿 탈놀이 춤사위 構成에 관한 硏究」이화여자대학교 교육대학원 석사학위논문, 1984, 3쪽.

2) 임재해,「하회별신굿에 나타난 예 제의의 자취와 별읍의 전통」『安東文化』, 1993, 1쪽.

1) 하회별신굿이란 ?

오늘날 하회의 부락제는 매년 정월 15일에 상당(上堂)에서 유식(儒式))으로 거행하는 동제(洞祭)뿐 이지만, 1928년까지만 해도 10년에 한 번씩 거행하는 대제(大祭)가 있었다. 이를 하회별신굿이라 한다.[3] 하회별신굿은 정월에 보름동안 하회 최고봉에 있는 성황당(동신:洞神)[4], 그리고 국신당과 삼신당에서 순차적으로 제례를 집행하고 동제와는 달리, 반드시 허도령이 만든 탈을 쓰고 탈놀음을 병행한다.

2) 유래

탈 제작자로 알려진 허도령은 전설의 인물로 어느 날 밤 꿈에 신의 계시를 받아 탈을 제작할 것을 결심하고 외부인이 들어오지 못하도록 금줄을 치고 전심전력을 다하여 탈을 만들고 있었다. 그런데 허도령을 몹시 사모하던 처녀가 연연한 정을 억제하지 못하고 하루는 허도령을 엿보다가 금단의 일을 저질렀다. 입신지경(入神之境)이던 허씨도령은 그 자리에서 피를 토하고 숨을 거두었으며 마지막 탈인 이매탈은 턱이 없는 미완의 탈이 되고 말았다. 그후 마을 사람들은 허도령의 넋을 위로하기 위하여 성황당(城隍堂) 근처에 단(檀)을 지어 매년 제(祭)를 올렸다고 한다.[5]

3) 탈놀이의 성립연대

탈놀이의 발생연도를 밝히기는 어려우나 고려 후엽 혹은 말기(13~4세기)로 추

---

3) 조용기,「河回別神굿 탈놀이 硏究」 서울대학교 대학원 석사학위논문 1987, 8쪽.

4) 하회에서는 이 성황당의 신을 일컬어 고을의 막이라는 뜻을 지닌 "골맥이"라 하였다고 한다. 이는 마을 수호신으로서 동해안에 분포되어 있는 동신(洞神)들과 그 기능과 명칭이 상당히 닮아 있다(임재해, 1993).

5) 배주옥, 1984, 3~4쪽.

측하고 있다.

하회가면에서는 7세기부터 14세기 까지의 다양한 제작기법을 보임으로서 탈의 제작시기는 고려 중기까지 소급이 가능하다. 이는 가면의 최초 제작자가 허도령이 아님을 의미하나, 현존하는 가면이 모두 있었던 허도령 당대에는 오늘날과 유사한 탈놀이가 성립되어 있음을 알 수 있다.[6)]

4) 탈의 제작시기

학자에 따라 다소 차이는 있으나 대체로 고려시대 중엽(14세기)이전으로 추정하고 있다[7)]. 현존하는 탈놀음용 가면유물(假免遺物) 14개 가운데 별채·떡달이·총각탈 3개는 분실되고 11개 즉, 양반·선비·중·초랭이·이매·백정·각시·부네·할미·주지탈 2개가 국립박물관에 소장되어 있다.[8)]

현재 국보 제121호 하회탈 가운데 실전(失傳)된 '별채 (포악한 관리를 상징하는 탈)'로 추정되는 탈이 일본에서 발견됐다. 야쓰시로의 역사를 기록한 히고노쿠니지(肥後國誌)에는 별채탈과 관련해 임진왜란 때 조선에서 가져온 탈 1점이 있으며 야쓰시로성 성주였던 고니시가 성 내 한 집안에 하사했다는 기록이 있다. 이 탈이 별채탈로 확인될 경우 별채역을 빼놓은 채 공연되던 중요무형문화재 제69호 하회별신굿탈놀이의 복원에 귀중한 자료가 될 전망이다.[9)]

5) 진행절차

10년에 한 번씩 또는 신탁(神託)에 의해 임시로 거행되는 별신제가 준비되는 과정은 다음과 같다.

---

6) 조용기, 1987, 57~58쪽.
7) 조용기, 1987, 55~58쪽.
8) 권광희,「河回別神굿 탈놀이의 服食」이화여자대학교 대학원 석사학위논문, 1986, 10쪽.
9) 김민호,「하회탈 중 '별채' 추정 탈 日서 발견」, 국민일보, 2007년 10월 19일자

① 별신굿의 거행여부는 별신굿을 하기 전에 섣달 보름의 월례치성(月例致誠) 때 별신굿을 주관하는 산주(山主:하회의 종신직 동제관)의 신의(神意)를 묻는 신점(神占)에 의한 신탁(神託)으로 결정된다. 별신굿 거행의 신탁이 내리면 마을 양반들의 양해하에 12월 말부터 준비가 시작된다.[10]

② 산주는 동민(洞民)중에서 광대를 선정한다. 선임된 광대는 이를 서낭신의 뜻으로 알고 거절하지 못한다.[11] 산주와 광대들은 목욕 재계하고 동사(同舍)에서 합숙을 시작한다. 이때부터 동사는 성역이 된다. 동사 앞에 금줄을 치고 황토를 뿌려 잡인과 잡귀의 출입을 금하는[12] 동시에 동민(洞民)은 육식을 금하고 산주는 부정이 없는 목수를 시켜서 서낭대와 내림대를 만든다.[13]

③ 정월 초 이튿날[14] 준비한 신주에 신령(神鈴:담방울)을 달고 동사별실에 보관한 탈에다 탈 제(祭)를 올리고 탈을 꺼낸다. 신령을 단 "신주"를 산주가 들고 탈은 각 광대가 쓰고 무녀(巫女)들과 함께 성황당에 올라가 제례를 올리며 강신(降神)을 비는 의례(儀禮)가 시작된다. 신이 내리면 삼신당과 국신당에 제례하고 탈놀이가 시작된다.[15]

④ 일단 신이 내린 신주는 동사 뜰에 특설(特設)한 신단에 안치하고 일행은 동사에 합숙하면서 왕래를 삼가고 이후 매일 아침 일찍이 신주을 호위한 광대들이 집집마다 방문하여 축원을 해준다.[16] 이를 신유(神遊)라고 하는데,

10) 조용기, 1987, 19쪽.

11) 조용기, 1987, 19쪽.

12) 임재해, 1993, 6쪽.

13) 배주옥, 1984, 5쪽.

14) 하회별신굿의 강신일(降神日)은 현재 정월 초이튿날이 유력하다고 보고 있으나, 별신굿을 할 때 마다 택일을 하는 경우에는 섣달 그믐날 일 수도 있다고 본다(조용기, 1987, 19쪽).

15) 배주옥, 1984, 5쪽.

16) 배주옥, 1984, 5쪽.

먼저 산주 집에 가서 한바탕 별신을 놀고 마을의 대가집을 순회하며 지신을 밟아준다. 마당의 규모와 집안사정에 따라 탈춤 및 마당을 놀기도 하고 풍물을 치며 지신밟기만 하기도 한다.[17]

⑤ 14일간의 탈놀음을 마치고 보름날 오전에는 신주를 호위하여 성황당으로 돌아가서 당제(堂祭)를 지낸다.[18]

⑥ 당제 후 산주와 광대들은 마지막으로 놀고 신주와 신령 그리고 탈을 동사 별실에 보관하고,[19] 별신굿 동안 동네에 묻어 들어온 잡귀·잡신들을 쫓아 내는 헛천거리굿을 함으로서 별신굿은 막을 내린다.[20]

6) 탈놀이 마당 구성

탈놀이 마당의 구분은 학자들 간의 견해 차이가 있어 왔다. 현재 하회별신굿탈놀이 보존회에서는 11마당으로 구분하고 있으며, 마지막 제11마당은 생존자가 없어 재현되고 있지 않다.[21]

진행과정	명칭	내용
제 1 마당	강신(대내림)	신이 내리길 비는 의식으로 산주와 광대들이 참여하여 신의 계시에 의한 별신행사의 시작을 알리는 마당
제 2 마당	무동마당	꽹과리와 채를 든 각시광대가 무동을 타고 걸립을 하는 마당으로 탈놀이 전마당을 마칠 때까지 수시로 행하여 짐. 무동을 탄 각시의 수건춤이 있음.

17) 임재해, 1993, 6쪽.
18) 조용기, 1987, 21쪽.
19) 배주옥, 1984, 6쪽.
20) 조용기, 1987, 21쪽.
21) 배주옥, 1987 6~8쪽.

진행과정	명칭	내용
제 3 마당	주지마당	누런 삼베 자루를 쓰고 주지탈을 손에 든 광대 2명이 놀이판을 돌아다니며 춤을 추는데 초랭이(양반의 하인)가 등장하여 쫓아내고 한바탕 춤을 추고 퇴장함. 주지춤과 초랭이 춤이 있음.
제 4 마당	백정마당	백정이 나무로 만든 도끼와 칼을 넣은 망태를 메고 등장하여 춤을 추다가 소의 우랑을 끊어 들고 "우랑사소" 하고 외치면 돈을 건네주고 우랑을 사는 척 하는 걸립의 한 마당. 백정의 춤이 전개됨
제 5 마당	할미마당	서민 생활의 빈곤상을 나타낸 마당으로 쪽박을 허리에 차고 흰수건을 쓴 할매가 베를 짜며 신세타령을 하다가 천천히 일어나 춤을 추며 구경꾼 앞으로 다가가서 쪽박을 걸립함. 할미의 엉덩이춤이 있음.
제 6 마당	파계승마당	승려의 종교적 권위를 비웃는 마당으로 대사가 전혀 없이 진행됨. 부네(아낙네)의 소변보는 모습을 목격하게 된 중이 결국 부네를 업고 도망감. 이를 초랭이가 보고 비웃음. 부네의 오금춤과 중춤이 있음
제 7 마당	양반-선비마당	양반의 권위를 비웃는 마당. 양반은 초랭이를 선비는 이매(선비의 하인)를 데리고 등장하여 조상 자랑과 학식으로 지위 싸움을 하고 부네의 요사스런 춤에 호기심을 나타냄. 이것을 본 하인, 초랭이와 이매가 양반과 선비를 조롱하며 골려줌. 양반 · 선비 · 부네 · 초랭이 춤이 있음.
제 8 마당	당제	놀이마당이 아닌 별신 의례에 속하는 마당으로 성황당에서 산주와 유지 그리고 부정(不淨)이 없는 동네 어른들이 모여 제사를 지냄. 이때 광대들은 탈을 쓰지 않고 산주와 더불어 재배한 후, 성황당을 돌면서 농악을 치고 각시는 무동을 타고 걸립을 함. 저녁무렵이 되면 하산하여 동리(洞里)로 돌아와서 양반광대와 청광대, 각시광대를 제외하고 청광대에게 탈을 반납한 후 15일 만에 집으로 돌아감
제 9 마당	혼례마당	동리입구 밭에 멍석을 깔고 장고 2개·꽃 갓·혼례상을 준비하고 양반광대가 홀기를 간단하게 줄여 부른 후 각시가 절 2번, 신랑이 절을 1번하고 끝남

진행과정	명칭	내용
제 10 마당	신방마당	각시마당과 청광대가 모의 성행위를 하는 마당으로 혼례마당과 방마당은 17세 처녀인 성황신을 위로하기 위하여 거행됨. 이 마당이 끝나면 각시광대는 탈을 청광대에게 주고 집으로 돌아감. 청광대는 탈을 동거에 봉납하고 집으로 돌아감.
제 11 마당	헛천거리굿	신방마당이 끝나면 유지의 책임하에 동리입구 헛천에서 무녀(巫女)1명, 남무(男巫)3명에 의해 거리굿이 행하여 짐. 별신을 지내는 동안 들어온 잡귀·잡신들을 쫓아내는 굿으로 별신굿 행사는 모두 마침. 현재 이 굿에 참여했던 생존자가 없어 전혀 재현되지 않는 마당임.

2. 전승관계

하회별신굿탈놀이는 1959년 최상수·유한상 두 분의 채록본에 의해 세상에 알려졌으며, 허(許)도령이라는 전설의 인물이 제작한 탈이 1964년 국보 제121호로 지정되어 국립박물관에 소장되면서 학계의 관심이 되었다. 그러나 탈만이 남아 있을 뿐 1928년을 마지막으로 중단되어 별신굿 탈놀이 전반에 대한 전수가 불가능했고, 1980년 무형문화재 제59호로 지정당시에는 생존자가 거의 없어 재현되고 있는 탈놀이의 자료 및 기능 전수에 취약점이 많다. 현재 안동 하회별신굿 탈놀이 보존회에 의해 보존 및 전수되고 있으며[22] 다음과 같이 계승되고 있다.[23]

22) 배주옥, 1984.

23) 하회별신굿탈놀이보존회, 2007, www.hahoemask.co.kr.

1) 인간문화재

성명	역할	지정연도
이창희	각시	1928년 마지막 공연자, 1995년 작고
이상호	백정	1996년 9월 예능보유자 지정
김춘택	할미	2000년 7월 예능보유자 지정
임형규	선비	2000년 7월 예능보유자 지정

2) 전수조교

성명	역할	지정연도
손상락	부네	1996년 5월 전수조교 지정
김오중	이매	1996년 7월 전수조교 지정
권순찬	선비	2000년 7월 전수조교 지정
권태경	악사	2000년 7월 전수조교 지정

3. 춤사위의 용어와 동작

배주옥(1984)에 의하면, 하회별신굿탈놀이는 1980년 무형문화재 제69호로 지정받아 놀이를 재현한 것으로, 현재의 춤사위는 구전에 의해 쓰여진 채록본과 남아있는 유일한 물적증거인 탈의 표정을 분석하여 재구성된 것이다.

배주옥의 하회별신굿 탈놀이 춤사위 연구(1984)를 바탕으로 정리하면 다음과 같다.

1) 춤사위의 분류

춤사위는 긴춤과 발림춤이 있다. 긴춤은 보존회 나름대로 연구되어진 춤으로서 연습을 많이 하여 공연시 마다 행하여지는 독특한 춤을 의미하며, 발림춤은 공연자의 흥에 의해 공연 장소의 분위기에 따라 즉흥적으로 행하여지는 가변성이 있는 춤 및 극중에서 잠깐씩 추어지는 춤을 의미한다. 긴 춤은 각 배역마다 1개 또는 2개의 춤사위가 있었고 춤사위 명칭으로는 몽두리춤과 오금춤이 있었다. 그 외에 등장인물에 따라 주지춤·중춤·각시의 수건춤·양반춤·선비춤·할미의 엉덩이춤·백정춤·부네춤 등이 있었으나 춤사위의 이름은 분명하지 않다.

2) 춤사위의 종류와 상징의미

역할	구전 용례	춤사위 종류	사위설명
초랭이	"초랭이 떨음하다", "방정맡다. 초랭이걸음", "바쁘다. 제자리초랭이걸음"	무릎 굽히고 걷는 사위	초랭이의 경망스러움을 표현한 동작
		팔과 고개 흔들거리며 걷는 사위	부분적으로 보면 전부 비뚤어지게 조각되어 있으나 전체적으로 묘한 조화를 이루고 있는 우스꽝스러운 초랭이 탈의 모습을 표현한 동작
		제기차기 사위	제기를 차는 것처럼 한 발을 들고 어깨춤을 추는 동작으로 초랭이의 재주를 표현한 동작
백정	"심술궂다. 백정걸음"	위로 치켜 올리는 사위	백정탈의 왼쪽 턱이 치켜 올려지는 특징을 춤으로 표현
		감았다 풀고 모아서 올리는 사위	한 발을 들고 뛰며 양 팔을 벌려 도끼를 휘두르고, 한발을 뒤로 차면서 도끼를 던지는 듯 팔을 핀 후에, 손을 모아 도끼를 어깨에 메고 한발 든 상태에서 계속 뛰는 동작. 이는 백정이 소를 살생하기 전에 도끼를 들고 춤을 추는 포악스러운 모습을 나타낸 동작
		밟고 걷는 사위	한 발로 땅을 밟아 구르는 동작으로 백정이 힘을 과시하는 모습을 표현한 동작

역할	구전 용례	춤사위 종류	사위설명
부네	“맵시있다. 부네걸음”	팔목 굽히고 피며 걷는 사위	왼손을 허리에 감고 오른손을 얼굴 앞에 두고 좌우로 스쳐 보내는 동작. 이는 부네의 요사스러움을 표현한 동작
		오금춤	왼손은 치마를 잡고 오른팔을 허리를 감은 상태에서 무릎을 붙이고 일자로 걷는 교태스러운 동작. 이 동작 역시 부네의 요염함을 표현한 동작
이매 :	“비틀비틀 이매걸음”	비틀걸음 사위	왼손을 허리에 붙이고 오른손을 힘없이 늘어 뜨린 자세에서 안짱걸음을 걸으며 90도 반대방향으로 왔다 갔다 함. 이는 이매의 바보같은 모습을 표현한 동작
		손뼉치며 발 들었다 놓는 사위	팔은 허리에 붙이고 오른 팔을 한바퀴 돌려 손뼉 침. 이때 오른발은 들고 왼발은 굴신함. 손뼉을 치고 난 후에는 무릅을 구부린 상태에서 엉거주춤하게 다음 동작을 준비하며 서 있음. 이는 이매의 흥겹고 경솔한 성격을 표현한 동작
할미	“엉덩이 춤추는 할미걸음”	엉덩이춤	구부러진 허리에 팔자(八)걸음을 걸으며 엉덩이를 실룩실룩 흔드는 춤. 이는 굶주린 생활고에 찌들린 할머니의 모습을 표현한 동작
		손벽치고 발드는 사위	두 발을 모으며 손뼉을 치고 뛰면서 왼발과 왼팔을 드는 동작으로, 할미가 흥이 나서 추는 동작
중(파계승)	“능청맞다. 중의 걸음”	휘젓는 사위	성큼성큼 걸으며 팔을 옆으로 버리고 앞,뒤로 휘젓는 동작. 이는 중의 호탕한 성격을 표현하는 동작
		두 팔 다 접는 사위	제자리에서 양팔을 앞으로 나란히 하여 쭉 펴서 든 상태에서 한 발을 옮길 때마다 팔을 구부리는 동작. 이는 중의 능청스러움을 표현한 동작

역할	구전 용례	춤사위 종류	사위설명
양반	“허세로다. 양반 팔자 걸음”	피고 접어 올리는 사위	양반이 도포자락을 처리하면서 우쭐거리며 흥에 겨워 걷는 동작
		일자(一字) 사위	위엄을 보이고 싶어하는 선비의 속성을 표현한 동작. 두 팔을 양 옆으로 벌려서서 부채를 펴서 떨고 잔걸음으로 앞으로 밀려 나오며 어깨를 으쓱거림. 이때 오른팔과 왼팔을 번갈아 사선 위로 살짝 들어 올림.
		팔자(八字) 걸음 사위	발을 팔자(八字)로 벌리고 허세에 의한 어깨에 힘을 넣고 찌죽찌죽(건들건들) 걷는 모습을 표현한 동작
		황새걸음사위	오른팔 올리고 부채를 펴서 들어 앞으로 한 발씩 나아감. 이때 왼손은 앞 뒤로 감으며 발은 팔자로 벌려서 걸음
선비	“거만하다. 선비황새걸음”	팔자(八字) 걸음 사위	양반의 팔자걸음 사위와 대조적으로 거만스러운 탈의 표정과 함께 무겁게 뚜벅 뚜벅 걷는 모습을 표현한 동작
		팔드는 사위	선비의 탈에서 보이는 경직된 표정을 표현한 동작. 제자리에 서서 담뱃대를 무겁게 옆으로 들어 올렸다가 떨어뜨리며 뒷짐을 짐. 이때 팔은 한팔 드는 동작을 한 후에 양팔 드는 동작을 한번 더 함
		고개 돌리고 보는 사위	선비의 위엄부리는 모습을 표현한 동작. 담뱃대를 들어 올려 입 앞으로 당기면서 계속 돌다가 한 곳을 응시하고 가만히 서 있음.
		팔 뒤로 돌려 감는 사위	담뱃대 든 손을 뒷짐으로 처리하는 동작.
		황새걸음사위	오른손에 담뱃대를 들고 입에 문 상태에서 한 발씩 앞으로 나아감. 이때 왼손은 앞 뒤로 감으며 발은 팔자로 벌려서 걸음. 양반의 황새걸음사위와 유사

역할	구전 용례	춤사위 종류	사위설명
초랭. 백정. 중. 양반의 공통사위		걷다가 발 모으고 뛰는 사위	양팔을 옆으로 핀 상태에서 어깨춤을 추며 한 걸음씩 나아가다가 뛰는 듯한 느낌으로 왼발에 중심을 두고 제자리에서 발을 모음. 다시 뛰는 것과 동시에 오른발을 들고 오른팔을 자연스럽게 들어 올렸다가 오른발 중심에 제자리에서 발을 모음. 같은 동작을 왼쪽도 반복함.
몽두리춤	수족상응(手足相應) 24)		오른손이 올라갈 때 오른발이 올라가고, 왼손이 올라갈 때 왼발이 올라가는 역동적인 동작. 이는 고대 진한의 '수족상응(手足相應)' 하는 춤사위와 같은 방식을 취함.

4. 반주음악

① 반주악기: 북·징·장고·꽹가리가 사용되고 있다. 옛날에는 긴 나팔과 날라리가 추가되었다고 하나 현재에는 긴 나팔과 날라리는 사용되지 않는다.

② 장단 : 주로 세마치 장단과 굿거리 장단을 사용하였다. 등장시에는 주로 굿거리 장단을 쓰고, 춤을 출때는 세마치 장단을 연주한다. 옛날에는 12마치의 빠른 장단과 타령 장단도 있었으나 역시 현재에는 사용되고 있지 않다. 굿거리 장단의 명칭을 훈련 굿거리 또는 훈련마치라고 하는 것이 특징이라 할 수 있다.25)

24) 임재해 1993, 6쪽.
25) 배주옥, 1984, 9쪽.

5. 무구(巫具)

소도구로는 각시의 명주수건·중의 염주와 목탁·양반의 부채·선비의 담뱃대·할미의 쪽박과 지팡이·백정의 나무 도끼와 칼 등이 있다.[26)]

6. 복식

하회별신굿 탈놀이의 의복는 비교적 화려한 의상을 입는 도시형 탈놀이와는 달리, 각 계층별 평상복을 입었다. 권광희(1986)에 따르면 현재 보존회에서 착복하고 있는 하회별신굿의 복식은 다음과 같다.

등장인물	복식구성
양반	정자관(程子冠)을 쓰고 바지·저고리 위에 두루마기를 입고 도포를 착용한 후 세조대(細條帶)를 맨다. 그리고 부채를 들고 미투리를 신는다.
선비	구성이 양반과 같으나, 정자관 대신 유건(儒巾)을 쓰고 담뱃대를 든다. 도포와 세조대의 색은 청색이다.
중	송낙을 쓰고 바지·저고리 위에 장삼을 착복하고 가사을 두르며 집신을 신고 염주를 든다.
초랭이	벙거지를 쓰고 바지·저고리 위에 조끼와 쾌자를 입는다. 종아리에는 행전을 치고 미투리를 신는다.
이매	초랭이와 유사하나 쾌자가 없고, 벙거지와 조끼색이 다르다.
백정	평량자(平凉子, 일명 패랭이)를 쓰고 바지·저고리를 입고 짚신을 신음으로서 가장 기본적인 복식을 이루고 있다.
각시	초록색 삼회장저고리에 다홍치마를 입는다. 흰명주 수건을 들고 빨간 고무신을 신는다.
부네	황색 반회장저고리에 감색치마이며 각시와 같이 빨간 고무신을 신는다.
할미	흰색 민저고리에 회색 치마를 입고 흰머리수건을 쓰고 짚신을 신는다.
주지	바지·저고리를 기본으로 입고 전신을 가리는 삼베자루를 입는다.

26) 권광희, 1986, 32~33쪽.

7. 개별춤의 특성

하회는 반촌으로서 유가적 전통을 잘 유지하면서도, 토착적 민속의 전통까지 훼손하지 않고 최근까지 고스란히 전승해 온 대표적인 마을이다. 지리적 격리와 공간적 패쇄성은 역사적 정체성을 두드러지게 하고 세태의 변화에 민감하지 않음으로서 장구한 세월동안 전승되는 문화는 고대의 모습을 잘 간직하고 있다고 볼 수 있다[27] 이러한 하회마을의 별신굿 탈놀이 춤의 특성을 요약하면 다음과 같다.

첫째, **하회별신굿탈놀이는 서낭님을 위하는 별신굿의 일부로 진행된다**. 다른 탈놀음들과 달리, 탈놀이가 따로 독립되어 있지 않고 굿으로서 탈놀이로 존재하며, 현존 탈놀음 중 그 유래와 기원이 가장 오래된 것으로 알려져 있다. 하회탈은 오리나무에 조각된 목재 탈로써 다른 탈과는 달리, 굿이 끝난 후 태우지 않고 그대로 보관하는 신성가면의 성격을 지니고 있다. [28]

둘째, **하회별신굿탈놀이 등장인물의 특이성이다**. 하회별신굿 탈놀이에 등장하는 '초랭이'와 '백정'은 다른 지역의 탈놀이에서는 볼 수 없는 독특한 인물들로 하회별신굿 탈놀이에서만 유일하게 볼 수 있다. 이러한 특이성은 지리적 고립과 폐쇄성으로 의한 것으로 사료된다.

셋째, **하회별신굿탈놀이에서는 각 배역에 따라서 신이 강림하여 춤을 춘다고 믿고 있다**. 즉, 춤동작을 할 때 서낭님이 시켜서 저절로 움직여진다고 여기고 있는데, 이는 산주가 마을사람들 중에서 각 배역의 광대를 지정하면 15일간 외부와의 연락이 일체 단절된 상태에서 광대들이 탈춤을 연습하다가 별신굿이 시작되기 전에 신내림을 받는 절차에서 잘 나타나고 있다. 이러한 믿음은 삼한의 제의(祭儀)과정과 유사한 것으로, 고대 제의의 모습을 잘 간직하고 있다고 볼 수 있다.[29]

---

27) 임재해, 1993, 1쪽.

28) 배주옥, 1984, 4-9쪽.

29) 임재해, 1993, 5~9쪽.

넷째, **현행 하회별신굿탈놀이 춤사위는 그 종류가 매우 간단하며 거의 모든 춤에 경상도 지방 고유의 덧배기춤이 들어 있는 것이 특징이다**. 예를 들면, 백정의 밟고 걷는 사위와 초랭이의 제기차기 사위 그리고 초랭이·중·백정·양반이 공통적으로 걷다가 발을 모으고 뛰는 사위 등이 있다.[30)]

다섯째, 하회탈춤의 **몽두리 춤사위는 고대 진한의 춤사위와의 관련 가능성이 있음을 추측해 볼 수 있다**. 진한에는 농공시필기에 귀신에게 제사를 올리면서 '수족상응(手足相應)'하는 특징적인 춤사위가 있다. 몽두리 춤은 오른손이 올라갈 때 오른발이 올라가고, 왼손이 올라갈 때 왼발이 올라가는 '수족상응(手足相應)'의 춤사위를 구사함으로서, 고대 축제의 춤사위 양식을 잘 계승하고 있다고 볼 수 있다[31)]

여섯째, **하회별신굿탈놀이에는 걸립(乞粒) 마당이 남아 있다**. 걸립은 구경꾼들에게 돈을 걷는 장면으로, 현재 다른 탈놀이에서는 보여지지 않는다. 하회별신굿탈놀이에서는 소의 우랑을 파는 백정마당과 쪽박을 들고 구걸하는 할미마당 그리고 당제에서 행해진다.

일곱째, 하회별신굿탈놀이는 부락제에서 출발한 무의식극(無意識劇)으로서, 한국가면극의 도시형인 산대도감계통극과는 계통을 달리한 향촌형(鄕村型)이다. 그리고 역사적으로 볼 때, 여전히 제의성을 유지하여 부락제의 신악(神樂)으로서의 종교적 의의를 가지고 있는 **수영야류(水營野流)의 원형적인 위치에 존재한다**[32)]고 볼 수 있다.

---

30) 배주옥, 1984, 49쪽.
31) 임재해, 1993, 6쪽.
32) 조용기, 1987, 108쪽.

참고문헌

김민호, 「국민일보」, 2007.10.19일자, 「하회탈 중 '별채' 추정 탈 日서 발견」

권광희, 「河回別神굿 탈놀이의 服食」, 이화여자대학교 대학원 석사학위논문, 1986.

배주옥, 「河回別神굿 탈놀이 춤사위 構成에 관한 硏究」, 이화여자대학교 교육대학원 석사학위논문, 1984.

조용기, 「河回別神굿 탈놀이 硏究」, 서울대학교 대학원 석사학위논문, 1987.

임재해, 「하회별신굿에 나타난 옛 제의의 자취와 별읍의 전통」, 安東文化 제14권, 安東文化硏究所, 1993.

하회별신굿 탈놀이보존회, http://www.hahoemask.co.kr/, 2007.

욱수농악

1. 개요

농악은 우리나라 춤 가운데 가장 오래되었을 뿐 아니라 가장 광범위한 지역에서 행해지고 있는 민속놀이이다 각 지역별로 특색이 있는 농악은 흔히 그 발생지역에 따라 이름을 붙이며, 지방에 따라 분류한다. 안성·평택 등이 중심이 되는 경기농악과 충청지방의 농악은 춤사위는 적지만 악기를 다루는 솜씨가 뛰어나며, 담백하고 소박한 느낌을 준다. 영서농악과 영동농악으로 나뉘는 강릉지방의 농악은 영남농악과 함께 굵은 소리를 이용해 강한 느낌을 준다. 이와 더불어 영남지방의 농악은 대체적으로 빠른 가락을 가진다는 특징이 있다. 호남지방의 농악은 다소 느리지만 구성지고 기교가 뛰어난 것이 특징이다. 여기서 중점적으로 알아보려는 욱수농악은 영남농악 중 경북농악에 속한다.[1)]

영남농악의 경우 다시 경북농악과 경남농악으로 나눌 수 있는데, 경북농악은 지방에 따라 영동농악이나. 호남 좌도농악과 닮은 특색을 보인다. 호호딱딱[2)]이라는 특수한 장단이 있으며 쇠가락을 기준으로 볼 때 비교적 빠른 박자의 연주가 특징이다. 특히 대구지방에서는 북춤이 두드러진다. 욱수농악에서는 '외따기'라는

1) 김효은, 『농악무에 관한 연구 -무용극 도미부인에 나타난 송범 농악무를 중심으로-』, 1998의 분류법 참고.

2) 준자진모리장단으로 호호깍깍이라고도 한다. 꽹과리 소리의 의성어에서 유래.

진의 독특한 연행이 포함되는데, 이는 전국적으로도 그 예를 찾아보기 어려운 것이다.

욱수농악은 대구직할시 수성구 욱수동에서 자생하여 전승된 농악으로 130여호의 주민이 논농사를 주업으로 하고 있는 자연촌락에서 자연 발생되어 이 마을 동제당에서 해마다 정월 초사흘날 관행하던 "천왕받이굿"에서 파생된 농악이다

2. 전승관계

예능보유자 김호성은 20세 때인 1948년경부터 경북 경산군 압량면에 거주하던 김차동(金次東)에게 쇠가락을 배웠다. 그후 김차동이 사망할 때까지 20여년간 마을의 구걸패 등에서 종쇠로 활동하였다고 한다. 그후 고산농악대에 종쇠로 활동하기도 하였다. 이외의 예능보유자로는 박원호(朴元鎬)사망, 이만방(李萬邦)사망 등이 있다.

박원호는 이 마을에서 출생하여 이옥관(사망)→서병극(사망)으로 이어지는 전승자로서 욱수마을의 토박이다. 설상모 이만방은 13세때부터 이 마을의 상쇠였던 서병극을 따라다니며 끌법구를 치고 상모를 돌렸다. 그외 주요예능보유자는 최태산(징)사망 · 최재규(북) · 박희호(장구) · 정용대(북)사망 · 박수조(장구) · 권갑암(소북)사망 등으로 이어져 현재 회장에 장영덕 부회장 서덕수 전수조교는 최재규(북)이다. 상쇠는 인터뷰에 협조해주신 손석철은 단장이 공석이므로 부단장이면서 단장을 겸하고 있다. 종쇠겸 총무는 오문섭 전수 장학생 정진숙 · 김태곤 · 박순이 · 서진영이다.[3)]

---

3) 손석철 부단장 인터뷰 내용

3. 악기편성

대구 욱수농악의 경우 보통 43명 편성으로 상쇠 1명에 종쇠 1명·징 6명·북 장구 8명·법고 12명·띵각 1명으로 그 외의 인원은 뒷치배[4])의 잡색과 기수들로 구성된다.

악기편성에서 욱수농악은 장고의 편성이 많은 인원으로 구성되어있으나 장구역할 보다 북의 역할이 많이 차지하였다. 전체적으로 농악의 흥을 돋는 역할을 하는 잡색의 경우 욱수농악에는 포수·색시이다.

4. 가락

욱수농악의 "질긋가락은 '길'의 방언인 '질'에서 파생된 이름"으로써 길을 가면서 사용하는 가락, 즉 행진가락을 의미하는데, 주변 지역과의 유사성과 보편적인 가락을 모두 나타내고 있으며, 2분박 계통의 가락으로 빠르게 연주된다. 여기에서는 농악의 지휘자역할을 하는 꽹과리를 중심으로 농악 전반에 흐르는 주요장단인 질긋가락·자진모리·휘모리장단을 중심으로 꽹과리 채보를 통해 가락을 보고자한다. 가락에 있어 전체적인 가락의 느낌은 욱수농악은 웅장하고 큰 소리를 가지고 있다.

---

4) 악기연주를 하는 치배와 대응되는 농악의 편성 재담 등을 담당해 농악의 흥을 돋운다. 종교적 기원을 가지고 있는 것으로 보인다. 그 구성원은 잡색으로 양반 1명·포수 1명·색시 1명·기수로는 농기수 1명·영 1명·기수 2명이다

채보 1) 욱수농악의 질굿가락5)

"한국의 농악에서 보편적으로 많이 사용되는 가락이 자진모리라"는 사실은 욱수농악도 다르지 않아서 마당놀이에서는 전체적인 쇠가락이 자진모리로 채워진다. 마당놀이에서는 빠른 자진모리를 사용하며, 둥글레미의 시작부에도 자진모리 가락이 사용된다. 호호딱딱을 치기 전의 연결 장단으로서 자진모리의 변형장단(준자진모리)이 사용되기도 한다.

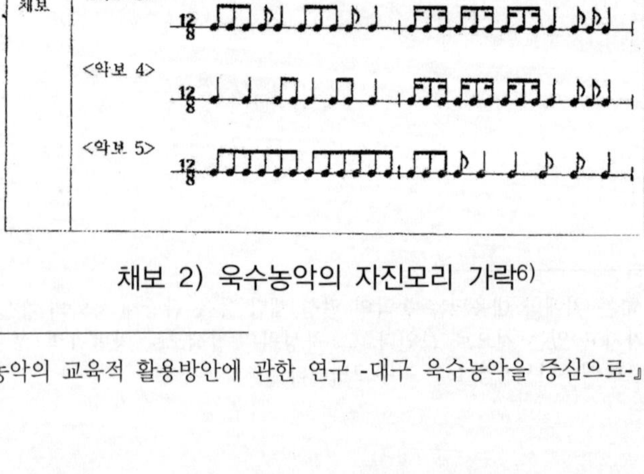

채보 2) 욱수농악의 자진모리 가락6)

5) 권진미, 『농악의 교육적 활용방안에 관한 연구 -대구 욱수농악을 중심으로-』, 1997.

욱수농악에서는 간단한 리듬은 휘모리를 무척 빠르게 쳐서 원래는 3분박인 장단을 2분박처럼 들리게 한다. 이렇듯 욱수농악의 경우 장단이 빠르기 때문에 상대적으로 춤이 발달하는데는 저해요인으로 작용하였다.

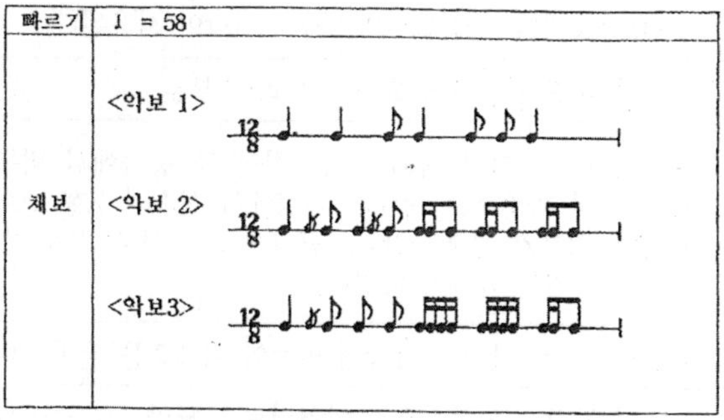

채보 3) 욱수농악의 휘모리 가락[7)]

5. 구성

대구 욱수농악은 기본적으로 "① 질굿으로 시작하여 ② 천왕받이굿 ③ 둥글레미 ④ 마당놀이 ⑤ 외따기 ⑥ 덧뵈기 ⑦ 십자진 ⑧ 오방진 ⑨ 덕석말이의 순으로 진행 순서"를 갖는데, 각 부분의 간략한 내용을 표로 정리하자면 다음과 같다.[8)]

진행 순서	연행별 특징
질굿	길거리 행진으로 3가지로 변주되는 4분의 2박의 빠른 박자로 연주되는 가락을 사용한다. 질매굿이라고도 한다.

6) 권진미, 『농악의 교육적 활용방안에 관한 연구 -대구 욱수농악을 중심으로-』, 1997.

7) 권진미, 『농악의 교육적 활용방안에 관한 연구 -대구 욱수농악을 중심으로-』, 1997.

8) 권진미, 『농악의 교육적 활용방안에 관한 연구 -대구 욱수농악을 중심으로-』,1997; 『대구의 예악』 1988.

진행 순서	연행별 특징
천왕받이굿	동제당 앞에서 신내림을 받는 굿으로 이는 욱수농악이 두레노동에서 비롯된 농악이 아닌 무속적 유례를 가진 계통의 농악이라는 점을 알 수 있다.
둥글레미	원형의 진을 이루어 상쇠의 변주와 주도로 원무를 춘다. 무정지겡이·호호딱딱·자진모리의 3가지 가락이 사용된다.
마당놀이	ㄷ자 대형에서 조별 묘기를 부리는 부분.
외따기	밭에서 일하다가 참외서리를 하던 옛 풍습에서 비롯된 것으로 2열로 서서 마주보는 형태의 대형에서 상쇠가 Z형으로 돌며 악기별로 끊어 일으켜 풀어나간다. 팔자형으로 서로 한사람씩 따라 나가고 끝나면 원을 만들며 마친다.
덧뵈기	살풀이로서 상쇠의 가락에 맞추어 어깨춤을 추며 연주한다.
십자진	중앙에 상쇠를 중심으로 악기별로+ 모양으로 늘어선다
오방진	꽹과리와 잡색이 중앙에 징·북·장구·법고가 각각 네 군데에 원을 그리면서 오방진의 형태를 만들어 노는 부분.
덕석말이	똘똘말이라고도 불리며 중앙의 농기를 중심으로 자진모리가락을 연주하며 원진을 치고 풀기를 두 군데에서 반복한다.

6. 농악무와 복색

욱수농악은 그 특성상 개인놀음이 거의 발달하지 않아 '농악무'라고 부를 만한 것은 거의 없다. 하지만 각 부분의 진의 형태가 분명하고 약소하나마 개인놀음이 행해지고 있기는 하다. 욱수농악은 질굿에서는 고깔로 논둑길을 따라가며 용의 형상을 만든다, 이때 독특한 것은 다른 지방에 비해 고깔의 크기 매우 크며 단색의 하얀 고깔이 먼발치에서 바라 보면 마치 용이 구불구불 기어가는 모양을 표현한다는 것이다. 둥글레미에서는 둥그런 원진을 만들어 외자반[9]의 원무를 춘다.[10]

9) 네박자를 기준으로 첫 박과 둘째 박에서 돌고 셋째와 넷째 박에서는 걷는 동작.

10) 손석철 부단장 인터뷰

(손석철). 마당놀이에서 비로소 개인놀음이라 할 만한 것이 나오는데, 꽹과리는 상쇠가 부포상모 놀음을 하고, 징은 징과 채를 들고 돌리거나 다리춤을 추는 놀이를 한다. 북은 회전(외자반)하며 나와서 일정한 동작이라 할수 있는 것은 없고 놀음을 하다가 훨훨 뛰면서 퇴장한다. 장고는 지방의 특성상 크게 발달 하지는 않았는데, 자진모리장단에 십자진으로 회전(외자반) 하는 동작을 하기도 한다. 덧뵈기에서는 상쇠의 가락을 중심으로 어깨춤을 추는데 정해진 형식이 있는 것은 아니다. 오방진은 악기별로 네 군대의 원을 그리는 진을 그리고 덕석말이는 원진을 말고 푸는 것을 두 군데에서 반복한다.[11] 가장 특징적인 외따기에서는 모든 치배(앞치배와 뒷치배)가 참여하여 자진모리 가락에 맞추어 지그재그로 움직이며 외를 따듯이 굽혔다가 섰다를 반복하며 이동한다. 한 장단에 허리를 구부리고 다음 장단에 몸을 일으켜 걸어가는 식으로 진행한다.

욱수농악의 편성별 복색은 다음과 같다(잡색은 대표적인 것만 넣었다).[12]

	욱수농악
상쇠	빙치를 쓰고 흰옷에 (검은 조끼,) 양어깨와 허리에 삼색의 띠를 두른다.
종쇠	상쇠와 동일. (혹은 상모를 쓰고 징과 같은 복장.)
징	흰옷에 적, 황,녹의 삼색띠를 어깨와 허리에 두르고 흰색 고깔을 쓴다. 요즘은 푸른색 조끼를 덧입기도 한다.
북	징과 동일.
장구	징과 동일.
소고	머리에 상모를 쓰고 복장은 징과 동일
띵각	징과 동일. 오동 나무제 목나팔을 분다.
양반	두루막을 입고 종이로 만든 정자관을 쓴다.

11) 손석철 분단장의 인터뷰 내용.

12) 대구직할시「대구의 예악 - 대구직할시 역상대 민족조사보고-」, 1998.

	욱수농악
(대)포수	검은 옷을 입고 털모자를 쓰며, 등에 망태, 털, 토끼털을 매고 손에는 목청을 든다.
색시	노랑 저고리에 붉은 치마.
농기수	징과 동일
기수	징과 동일

진 위주 놀음으로 욱수농악에서는 특징적인 춤사위는 없으나 덧배기와 같이 흥겨운 장단에 어깨춤을 추는 것이 특징이며 북 놀음이 발달했으나 외 자반을 하는 것 외에는 별다른 춤사위는 없다(인터뷰내용). 하체 놀음이 발달하였으며 윗 놀음은 상모 놀음에서 주로 볼 수 있다. 농악복식은 저고리, 바지로 구성되는 기본복식과 그 위에 덧입는, 덧옷류, 머리에 쓰개류나 띠와 드림등 장식요소로 이루어진다. 흰색 바지와 저고리를 기본색상으로 덧옷류나 띠와 같은 것에 색깔을 넣어 사용한다.[13] 욱수농악은 적황녹색의 삼색 띠를 두르고 머리에는 흰색 꽃이 달린 고깔을 쓴다. 고깔의 경우 지방에에 따라 꽃에 색을 넣기도 한다. 복식은 오랜시간 생활문화의 변화와 발달을 거쳐 오늘날의 모양, 색깔등에 이르게 되었다. 욱수농악은 연희패와 같이 화려한 의상은 아니고 소박한 농촌의 색깔과 모습을 담고 있다.

7. 욱수농악의 특징

농악은 크게 두 가지로 구분할 수 있다. 연희형식의 걸립농악과 두레형식 두 가지로 볼 수 있다. 연희형식의 농악은 볼거리가 다양하여 풍성한 반면 두레형식

13) 추은희「한국 농악복식에 관한 연구」2004 <참고문헌>

의 농악은 소박함을 느낄 수 있다.

욱수농악의 특징은 첫째로 욱수농악에서는 목나팔을 사용하고 두 번째로 가락은 욱수농악의 경우 영남농악의 특징인 빠르고 강한 인상의 가락을 가지고 있으며 세 번째로 제의의 영향을 받은 욱수농악은 구성이 복잡하지만 질굿·천왕받이굿·둥글레미·마당놀이·외따기·덧뵈기·십자진·오방진·덕석말이의 순서로 진행되고 질굿을 제외한 전 부분이 한 장소에서 진행된다. 네 번째로 욱수농악은 농악무라는 것이 거의 없는 것이 특징이다

제의에서 유래한 욱수농악에는 전통적인 농악의 정의와 맞는 면이 다분히 존재한다. 특히 옛 풍습에서 그 원류를 찾아 볼 수 있는 '외따기' 연행은 이러한 면들의 백미라 할 수 있겠다. 지방적인 특징으로 본 욱수농악은 영남 농악 특유의 빠른 가락과 활동적이고 웅장한 느낌의 음색을 가지고 있다. 다른 지방에서는 찾아보기 힘든 '외따기' 연행을 가지고 있다. 춤사위는 별로 없는 소박한 구성이지만 빠른 가락 덕분에 활력이 있다. 농업의 생활 속에서 형성되었으므로 민속성을 가장 많이 담고 있다고 볼 수 있겠다. 그리고 무엇보다도 그 지역 농민들이 성심을 다해 유지해 온 지방 문화유산이다. 욱수농악이 춤이 발달하지 못한 것은 장단의 영향도 있다고 본다. 즉 장단이 빠르기 때문에 많은 동작을 할 수 없고 그러기 때문에 하체놀음이 발달하였다고 보여진다. 종합하자면 욱수농악은 영남농악의 특징과 욱수농악 자체의 개성을 동시에 지닌 농악이다. 연희 형태와는 달리 즉흥성이 뛰어나며 어떤 뚜렷한 형식이 없으므로 마을사람 누구나 함께 참여할 수 있는 것이 특징이다.

8. 결 론

우리나라에서는 정월 대보름이나, 정초, 농번기 등에는 북 장고 꽹과리 징의 농악소리를 접할 수 있다. 농악은 많은 의미를 지니고 있다. 복을 빌기도 하고 노

동의 피로를 풀기도하며 농민을 하나로 만드는 단합과 풍년을 기원하는 등의 의미 가지고 있다. 욱수농악은 두레형식의 소박한 농악과, 형식이 꽉 짜여진 연희농악과는 달리 농민 누구나 참여할 수 있는 즉흥성이 있는 농악이다. 대구 수성구 욱수동에서 자생(自生)하여 전승된 농악이며, 대구 수성구에는 고산농악과 욱수농악 두 개가 있으며 인접한 관계로 유사한 점이 많다. 그러나 욱수농악에는 외따기라는 연행 구성이 있는데 이는 다른 지역에서는 보기 드문 진형이다. 쇠가락은 비교적 빠른 가락이 많으며 북 놀음이 발달한 욱수농악은 잔가락이 적은 영남농악의 특징을 보유하고 있다. 욱수농악은 다른 농악에 비해 춤 동작이 없는데 이는 가락이 빠르기 때문에 상대적으로 몸의 움직임에 제한점으로 작용했으리라 사료 된다. 또한 머리에 커다란 고깔을 쓰는데 이 또한 춤을 추는데 불편함으로 작용 했으리라 생각한다. 대신 고깔은 외따기와 같은 Z 모양의 진에서는 용의 꾸불꾸불한 모양을 상징하기도 한다. 복식은 농악복이 따로 있던 것은 아니고 옷감 또한 무명 삼베 모시였던 것이 생활과 섬유의 발달로 오늘에 이르게 된다. 욱수농악은 연예농악과 같이 화려하거나 보여 지는 농악이 아닌 농민이 하나가 되어 함께 즐기는 소박한 의미를 담고 있다. 웅장하면서 박진감 넘치는 욱수농악은 우리의 옛 생활 모습을 잘 보여주는데 가치가 있다. 이러한 사라지기 쉬운 우리의 문화유산을 잘 보존하기 위한 노력이 있어야 된다고 사료된다.

참고문헌

권진미, 『농악의 교육적 활용방안에 관한 연구 -대구 욱수농악을 중심으로-』, 1997.

김효은, 『농악무에 관한 연구 -무용극 도미부인에 나타난 송범 농악무를 중심으로-』, 1998.

추은희, 『한국 농악복식에 관한 연구』, 2004.

대구직할시, 『대구의 예악 -대구직할시역삼대민속조사보고-』, 1988.

나가며

「우리춤연구소」에서는 대구살풀이 · 진주교방굿거리 · 동해안별신굿 · 불모산영산재 · 고성오광대 · 하회별신굿 · 욱수농악을 통해 경상도지역의 춤이 갖고 있는 특징에 대해 '지역'과의 관계 속에서 살펴보았다. 살펴본 춤들 중에는 대구살풀이나 진주교방굿거리와 같이 경상도지역에서 유래하지 않은 것도 존재한다. 대구살풀이는 전라도지역에서 유래하였고, 진주교방굿거리는 궁중 춤과 관련을 맺고 있기 때문이다.

하지만, 이 춤들도 경상도지역에서 전승되는 과정에서 지역성의 영향을 받았음을 알 수 있다. 대구 살풀이춤은 앞서 언급한 것처럼 전라도의 영향을 받았기 때문에 용어 상에서 드러나는 언어적인 측면이나 사상적 의의는 특별한 지역성을 갖는 것은 아니지만, 춤사위에서 전라도와는 달리 투박하고 질퍽한 양상을 드러내며 발디딤새와 손놀림이 강직한 형태를 지녀, 마치 영남의 산세와 지세를 닮은 것으로 이해되는데, 이는 영남지역의 영향을 받아 경상도춤으로서의 모습을 갖게 되었음을 말해준다.

궁중춤과 관련이 있는 진주교방굿거리춤은 발 디딤새보다 팔 사위가 두드러지는 상체 중심으로 이루어져 있는데, 다른 교방춤과 달리 움츠러들어 추지 않는 '바로서려는 춤'이 있다는 점에서 특색을 찾을 수 있다. 궁중무희로 활동하던 최완자 선생의 굿거리춤이 김수악 선생에게 전해질 때 궁중무형태의 자세로 전해진 것으로 보인다. 하지만, 이 춤이 궁중춤의 요소가 진주지역의 지역성과 융화되어 독특한 모습을 띄면서 궁중무처럼 보이지는 않는다는 데 그 특색이 있다.

이러한 지역적 특색은 다른 춤에서도 나타난다. 동해안별신굿은 다른 지역 별신굿에 비하여 다양한 무무(巫舞)와 춤사위를 보유하고 있는데, 경상도지역 특유의 투박함과 불교적 색채가 많이 삽입되어 있으며, 불모산영산재는 바라무에서 타 지역에서는 볼 수 없는 돌기동작과 붙여서 돌기동작이 있어, 육중하면서도 부드러운 느낌을 준다. 또한 나비무는 작법무라고 불리우는데, 춤사위는 학의 움직임을 상징적으로 형상화하여 학춤에 비유되기도 한다. 불모산 영산재를 포함한 영남지역 작법무의 큰 특징이라 할 수 있다. 이 점은 학의 생태를 가까이서 관찰할 수 있었던 지역적 특성이 자연스레 사찰과 민간의 춤 문화에 스며든 것으로 보인다.

경상도지역 춤의 큰 특색을 보여주는 것으로 탈춤이 있는데, 이 중 이 책에서 살펴본 고성오광대 또한 다른 지역의 오광대에 나타나는 덧배기춤이 나타난다. 하지만, 보리이삭줍기나 파리잡기 등의 사실적 표현은 고성오광대만 가지는 특징을 지니고 있다. 또한 농사짓는 모습·수확하는 모습·수확된 곡식을 갈아서 바람에 날려 깍지를 버리고 먹는 모습 등의 사실적 묘사는 고성지역에서 흔히 접할 수 있는 농업사회의 특성이 반영된 것으로 지역적 특색을 드러낸다.

이러한 지역적 특색은 욱수농악에도 나타난다. 욱수농악은 영남 농악 특유의 빠른 가락과 활동적이고 웅장한 느낌의 음색을 가지고 있으면서도 다른 지방에서는 찾아보기 힘든 '외따기'라는 진의 연행이 있기 때문이다. '외따기'는 2열로 서서 마주보는 형태의 대형에서 상쇠가 Z형으로 돌며 악기별로 끊어 일으켜 풀어 나간다. 팔자형으로 서로 한사람씩 따라 나가고 끝나면 원을 만들며 마치는 진이다. 욱수농악은 춤사위가 별로 없는 소박한 구성을 하고 있는 반면에 빠른 가락으로 인해 활력을 준다. 즉, 욱수농악은 영남농악의 특징과 욱수농악 자체의 개성을 동시에 지닌 농악이라고 할 수 있다.

경상도 내에서도 안동이라는 특정 지역 내에서만 전승되어 내려오는 하회별신굿 탈놀이 춤은 다른 지역의 탈놀음에서는 볼 수 없는 독특한 특성들이 있다. 이 점은 지리적 고립과 폐쇄성이라는 자연환경이 문화현상에 결정적인 영향력을 행사함으로서 형성된 것으로 생각된다. 현재, 대부분의 탈놀이 춤은 예능으로서 굿에 분리되어 독립적인 영역을 갖고 있으나, 하회별신굿 탈놀이 춤은 굿의 한 부분으로 진행됨으로서 타지역과는 차별화되는 독자적인 모습을 갖추고 있기 때문이다. 특히, 고대 제례의식의 전통을 볼 수 있는 강신을 전제로 한 춤공연, 무속에서 행해지는 걸 마당의 존재, 특히 몽두리춤의 수족상응 형태는 진한의 제례의식 행하던 춤 형태로 고대의 자취를 간직하고 있는 것으로 보인다. 또한 양반을 비판하고 하층민의 애환을 대변하는 백정과 초랭이역의 유일성, 경상도 고유의 덧배기춤에서 볼 수 있다. 이는 지역성이 춤의 형성에 많은 영향을 미쳤음을 알 수 있다.

앞서 살펴본 춤들은 춤 각각의 특징을 지니고 있으면서도 경상도라는 지역의 특성을 함유하고 있음을 볼 수 있다. 이는 이 지역의 춤이 경상도지역의 자연이나 생활양식 등의 문화와 밀접한 관계를 지니고 있음을 알려준다.

물론 앞서 서술했던 춤들이 경상도지역이 갖는 춤의 특징을 모두 보여주었다고 하기에는 어려운 점이 있음은 필자들도 인정한다. 전체 경상도춤 중에서 일부분만을 살펴보았기 때문에 이 모든 것을 경상도 춤의 특징으로 열거하는데는 한계가 있다. 따라서 경상도춤의 특징을 찾아내기보다는 이 글에 수록된 각 춤의 특징을 짧게 정리하는 것으로 대신하였다.

이번 연구는 경상도라는 지역을 중심으로 춤이 갖는 특징을 드러내고 이를 통해서 우리춤이 갖는 정체성을 찾아 가는 연구 작업의 일환으로 진행되었다. 이후에도 「우리춤연구소」에서는 경상도 지역의 춤 중 이번 연구에서 다뤄지지 않은 춤이나 혹은 다른 지역의 춤에 관한 연구도 지속적으로 시도하면서 한국춤의 정체성을 찾는데, 디딤돌 역할을 하고자 한다.